JN151561

財政学･公共経済学の発展と展望

[編著]
赤井伸郎
上村敏之
亀田啓悟

[編]
関西公共経済学研究会
関西学院大学産業研究所

関西学院大学出版会

財政学・公共経済学の発展と展望

はじめに

関西公共経済学研究会は関西在勤・在住の研究者が参加する研究会であり、我が国で長期間続く活動的な財政学・公共経済学研究会です。このたび、二〇周年を迎えるにあたり、この二〇年の財政学・公共経済学研究を振り返り、今後の二〇年に向けた財政学・公共経済学研究の方向性を考えるのにふさわしい形として、我が国において財政学・公共経済学研究をリードしてきた関東在住の著名な研究者六名に関西にお越しいただき、関西公共経済学研究会の場でお話をしていただくこととしました。本書は、二〇二三年一二月九日に行われた「関西公共経済学研究会20周年記念講演会」での講師六名の報告内容をまとめたものです。

関西公共経済学研究会は、二〇〇三年に第一回が開催されましたが、その経緯を少し述べておきます。二〇〇〇年頃までは、大阪大学において財政学研究会が小規模で開催されていました。二〇〇一年から、大阪大学内でのクローズドのイメージのある研究会を変更し、より幅広く関西で財政学関係者が集まれる場所を作りましょうとなり、岩本康志氏（当時京都大学）・日高政浩氏（当時大阪学院大学）と赤井（当時神戸商科大学：本書の編者）が主導し、関西公共経済学研究会のベースとなる集まりが試行的に始まりました。二〇〇三年、岩本康志氏が関東に異動されることとなり、継続性を意識して、年に数回程度開催するという仕組みで始まったのが、この関西公共経済学研究会です。二〇二三年で二〇周年（二一年目）

となります（なお、二〇〇一年の発足から数えると二二周年となります）。その後、二〇〇六年の亀田（本書の編者）の関西学院大学着任、二〇〇八年の上村（本書の編者）の関西学院大学着任により、関西学院大学大阪梅田キャンパスを拠点に、定期的に研究会が行われる形ができました。二〇〇三年から二〇二三年までの間で、研究会で発表された論文数は、実に二六〇本となっております。関西公共経済学研究会での論文発表と意見交換は、数多くの論文の刊行、そして、日本の財政学・公共経済学研究の活性化に貢献してきたと確信しております。

本書は、関西公共経済学研究会の二〇周年を区切りとして、二〇年の間に発展してきた財政学・公共経済学研究の軌跡と今後の方向性を、第一線で活躍する研究者によりまとめていただいたものであり、その価値は計り知れません。

本書は、三部構成で、六章（六本の講演録）から構成されています。第一部は、過去二〇年の財政学・公共経済学研究の振り返りと、今後の財政学・公共経済学研究の方向性について、政策研究大学院大学名誉教授の井堀利宏氏（第1章）と東京大学大学院教授の岩本康志氏（第2章）による基調講演をまとめたものです。第1章では、二〇〇〇年代の研究の流れが、財政学における政府の三つの機能（所得再分配機能、資源配分機能、経済安定化機能）ごとに整理されています。所得再分配機能では、拡大する所得格差の問題が、資源配分機能では、防衛費問題が、経済安定化機能では、非ケインズ効果が取り上げられ、望ましい財政健全化戦略と、政治経済学や金融も含めた研究の可能性について提示されています。第2章では、（1）公的資金の限界価値、（2）厚生評価と因果推論、（3）社会的厚生関数、（4）行動厚生経済学の視点から、厚生評価の理論的展開が整理されたのち、日本の政策評価の整理とともに、課題が提示されています。

第二部は、公共経済学の視点から、実証分析と理論分析についての傾向について、東京大学大学院教授の林正義氏（第3章）と小川光氏（第4章）の講演をまとめたものです。第3章では、地方財政の分野のトピックごとに実証分析の流れが整理されるとともに、研究者が特定の命題の検証を繰り返し分析結果の精度を高める必要性が提示されています。第4章では、日本人による公共経済学研究の刊行動向や研究トピックが整理されるとともに、今後、公共経済学分野で重要と思われるトピックについて理論研究の可能性が提示されています。

第三部は、財政学の視点から、日本における歳出の在り方および税制の在り方について、慶應義塾大学教授の土居丈朗氏（第5章）と一橋大学大学院教授の佐藤主光氏（第6章）の講演をまとめたものです。第5章では、歳出の視点から、二〇年間における日本の財政でのさまざまな取り組みのうち、日本財政・名（迷）言ベストテンと題して、一〇の話題が取り上げられています。そのうえで、マクロ政策からミクロ政策まで、分野では、社会保障から地方財政まで、制度の背後にある課題が整理され、改革による健全化の必要性が提示されています。第6章では、歳入の視点から、二一世紀の新たなイノベーションの税制として、経済のグローバル化・デジタル化といった新たな経済環境にも適した法人税、消費税および（個人）所得税の制度の今後の在り方が提示されています。

このように、本書は、今後、財政学・公共経済学研究に関わる研究者、そして研究者を志す者にとって、研究の経緯を踏まえ、新たな研究テーマを考えるうえで示唆に富んだ内容を含んでいます。したがって、本書は、貴重な研究バイブルであり、長期にわたり広く読まれる価値のある書物であるといえます。

なお、「関西公共経済学研究会20周年記念講演会」では、第Ⅱ部・第Ⅲ部のそれぞれのご講演に対して以下の方々に討論をお願いしました。

第3章のご講演に対し：恩地一樹氏（大阪大学大学院経済学研究科教授）
第4章のご講演に対し：松本睦氏（名古屋大学大学院環境学研究科教授）
第5章のご講演に対し：宮崎毅氏（九州大学大学院経済学研究院教授）
第6章のご講演に対し：長谷川誠氏（京都大学大学院経済学研究科准教授）

また、講演会当日は、名方佳寿子氏（摂南大学経済学部准教授）、足立泰美氏（甲南大学経済学部教授）に司会を担当いただきました。記して感謝申し上げます。

最後に、「関西公共経済学研究会20周年記念講演会」は、関西学院大学産業研究所の協賛を受けて開催したものです。また、書籍の発刊に関しても、関西学院大学産業研究所出版助成金の支援を受けています。このような後世に残る企画を実行する貴重な機会を与えていただきましたことに関して、ここに記して、感謝の意を表したいと思います。ありがとうございました。

関西公共経済学研究会「20周年記念講演会」講演録編集委員
赤井　伸郎（大阪大学大学院国際公共政策研究科教授）
上村　敏之（関西学院大学経済学部教授）
亀田　啓悟（関西学院大学総合政策学部教授）

目次

第6章 税制のイノベーション 佐藤 主光(もとひろ) 159

※ 図表について、出典表記がないものはすべて筆者作成による。

第 I 部

財政学・公共経済学における政府機能と政策評価

第1章

過去二〇年の公共経済学・財政学の研究について

（政策研究大学院大学名誉教授）
井堀　利宏

1　はじめに

本章では、過去二〇年の公共経済学・財政学の研究について、特に私がこれまで行ってきた研究と関連する範囲内で、二〇〇〇年代に刊行された公共経済学や財政学の分野での著作や論文を主な対象として、そのいくつかをサーベイすることにしたいと思います。本章のタイトルにある公共経済学と財政学という二つの学問領域をどう区別するかについては曖昧な点もあります。以下では財政学のなかでも理論研究の分野（公共経済学とも呼ばれている分野）を中心に話を進めたいと思います。

まず、財政学の三つの機能の話から入ります。Musgrave の古典的な著作（The Theory of Public Finance: A Study in Public Economy, 1959）が体系的に整理しているように、財政学では政府の経済活動が果たすべき役割として、以下の三つの機能が重要であると考えてきました。すなわち、資源配分機能、所得再分配機能、経済安定化機能の三つです。これら三つの機能について、これまでさまざまな研究が蓄積されてきました。

本章では、最初に、第2節で所得再分配機能を取り上げたいと思います。その後、第3節で資源配分機能のなかでも重要とされる公共財の最適供給や自発的供給の問題を扱い、それから、第4節で経済安定化機能を取り上げます。そこでは、景気と財政政策、乗数効果、非ケインズ効果などのトピックスについて話をしたいと思います。次いで、第5節で日本が厳しい財政状況にあるという現状を踏まえ、これまでの研究と関連づけて、あるべき財政健全化戦略をどう考えるかという点を簡単にお話ししたいと思います。最後に、第6節で財政学と関連する分野での近年の動きについて少し触れたいと思います。

2　所得再分配機能

（1）所得再分配と所得税

すでにお話ししたように、財政学の三つの機能とは、Musgrave によって整理された古典的な分類方法で、資源配分、所得再分配、経済安定化です。これらについては多くの公共経済学者や財政学者がさまざまな視点で理論、実証の両面から研究を発展させてきました。なかでも公共経済学や財政学の理論分析は、資源配分機能を最も重視してきました。厚生経済学の基本定理が示すように、市場が失敗しない世界では政府が市場に介入することは正当化できません。しかし、現実の世界では市場はさまざまな理由で失敗しています。それを是正するための政策介入のあり方は、理論的にも政策的にも重要な論点です。

これに対して、所得再分配機能も政府の重要な役割です。市場が完全に機能していたとしても、人々の間での所得や資産の格差は存在します。ただし、所得再分配機能からみた所得税や再分配政策のあり方は所得格差や公平性に関する価値判断に依存することも多く、理論分析と実際の再分配政策とのギャップが大きい研究分野です。代表的な最適所得税論のモデル分析であるMirrlees（1971）はこの分野での古典的な先駆的論文ですが、その理論的な精緻さはともかく、彼の理論モデルの分析結果を実際の所得税制の累進構造に応用するには相当の距離が存在するのも事実でしょう。

ところで、現実の財政運営では二〇〇〇年代に入って、税制による所得再分配機能が財政学、公共経済学の研究者に限らず、一般的に政策担当者にとっても非常に大きな関心事になってきたと思います。その背景としては、近年、金融の自由化やネットの普及・ＩＴ化で新興ベンチャー企業の創業者にみられるように、新しい超富裕層が出現し、所得・資産格差が大幅に拡大したという現実があります。それから、経済学においても内生的経済成長論の発展を背景として、教育投資や人的資本形成が経済成長に重要だという認識が高まってきたことも見逃せません。所得・資産格差を動学的視点で研究する試みも進展してきました。このように、所得・資産格差の拡大とともに、超富裕層の実態やそれに対する課税のあり方についての研究も非常に活発になってきたのです。

(2) Piketty の著作

所得再分配の文献はたくさんありますが、なかでも、二一世紀に入って多くの人々の関心を集めたのが、Piketty の著作（2013）です。彼が書いた「Capital in the Twenty-First Century（二一世紀の資本）」は二〇一三年にフランスで出版されると、すぐに英語版に翻訳され、アメリカでベストセラーになりました。経済学やアカデミアの枠を超えて、一般読者にも支持される大ベストセラーになり、彼は一躍マスメディアの人気者になったのです。その後、彼の著作は、日本語版も含めて、韓国語版、中国語版など世界各地で翻訳され、国際的にも幅広い読者層に大きな反響を引き起こしました。

Piketty は所得や資産の一〇〇年以上にわたるデータを丹念に検証するとともに、所得や資産が偏在するメカニズムを分析しました。彼の主張はこうです。先進国では資本収益率が経済成長率よりも高いから、資本所得や資産の格差は将来も拡大し続けるだろう。国際的に資産や所得に対して協調して課税することで、所得や資産の偏在を是正することが可能になるはずである。こうした政策提言はもっともらしいでしょう。しかし、富裕層の所得や資産は国際的に移動することが容易であり、各国は自国の利益を優先しますので、これへの国際的な協調課税は実現性が難しいのも現実です。

二〇一五年一月にボストンで開催されたアメリカ経済学会の年次総会では、Piketty の著作に関するシ

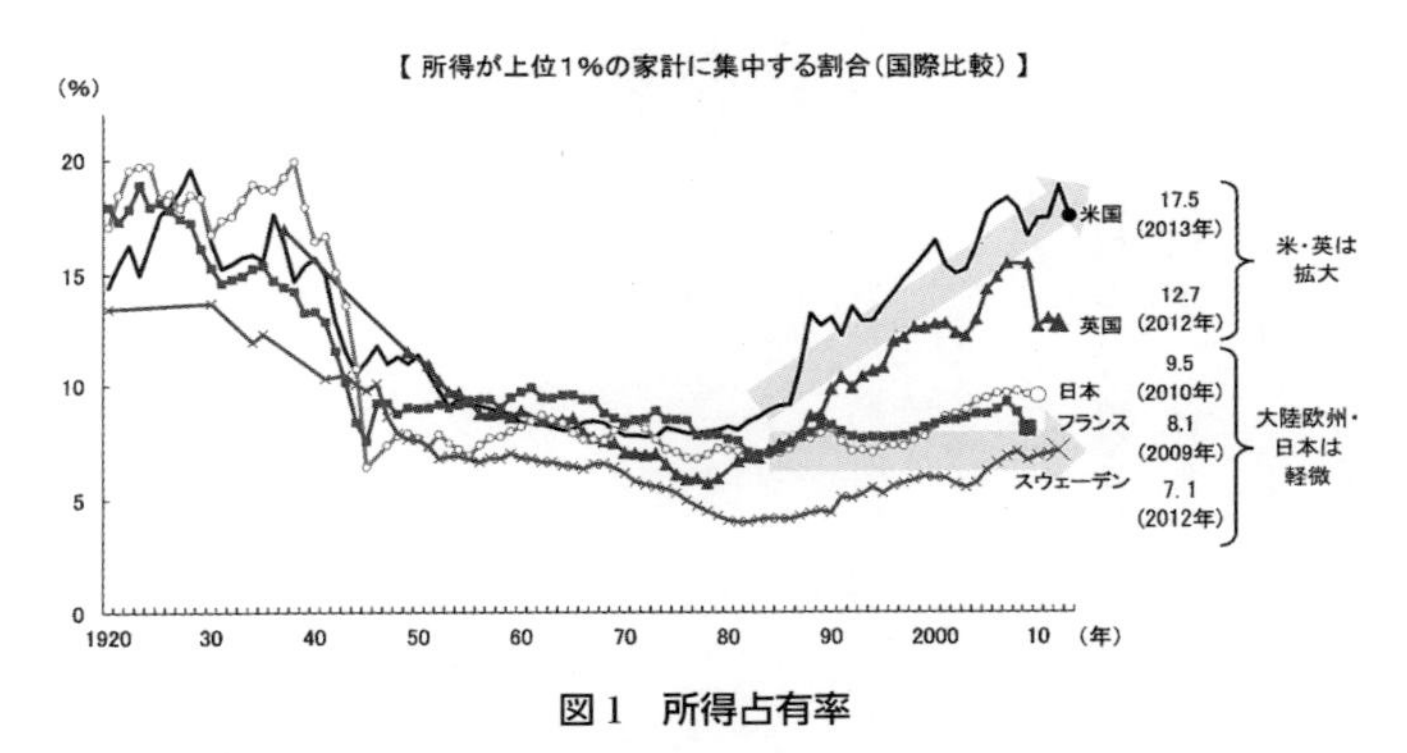

図１　所得占有率

出典：第17回税制調査会　総合資料17−4
https://www.cao.go.jp/zei-cho/content/20150827_27zen17kai7.pdf

ンポジウムが設定され、立ち見が出るほど多くの聴衆が参加しました。そこでPikettyは精力的に彼の主張を展開しましたが、討論者のアメリカ主流経済学者からは国際的な協調課税への懐疑的な批判が多く出されていました。

ところで、所得や資産の格差の程度を検証するには、ジニ係数という指数を使うのが一般的です。我が国でも二一世紀に入って所得や資産の格差に関心が集まるようになりましたが、そこでの多くの研究では格差の程度についてはジニ係数の動きを注目しています。さらに、Pikettyの本が出版された頃から、ジニ係数の指標に加えて、トップの超富裕層がどのくらい資産、所得を偏って持っているかなど、富裕層の所得や資産の占有率に関する議論も盛んになってきました。

例えば、この図１で示しているのは、所得で上位一％の人々がその国の所得のうちの何％を保有しているかという所得占有率のデータです。戦後の推移を見ると、各国でもしばらくトップ富裕層のシェアは減っていましたけれども、一九八〇年代以降、特にアメリカとイギリスで彼らのシェアが拡大してきたことがわかります。アメリカやイギリスで富裕層のシェアが拡大してきたのは、金融自由化とＩＴ化で関連する新興企業創業者の所得や資産が大きく増加した影響が大きいと思います。こうした現実の動きを背景として、トップ富裕層の所得や資産に対する最適税率がどのくらいなのかという議論も盛んになったのです。

(3) トップに対する最適税率

トップといっても、所得の一番高い人を一人だけを特定して、その人だけに最高税率をかけるのは、理論的には興味あるケースですが、実務上は無理です。図２で示すように、日本では四〇〇〇万円以上の課税所得階層の人達に最高税率をかけています。その税率は住民税も含めると、五五％になります。この最高税率に直面している人々は一人ではなく、多くの富裕層の人々が該当します。

では、最も高額の所得階層の人々に対する税率は、理論的にはどのくらいが望ましいでしょうか。簡単なモデルで分析してみましょう。

Y^*以上のトップの所得階層にtの限界税率を課すという問題を考えてみましょう。ここで、単純化のために、Y^*以上の所得を稼ぐ人々がメジャー一で存在するとして、Y_Aを彼らの平均所得とします。定義上、$Y_A \geqq Y^*$となります。また、彼らの所得はすべて労働所得であるとして、高額所得者は労働生産性が高く、単位当たりの賃金率が高いため、労働時間がそれほど長くなくても高額の所得を稼ぐことができると想定します。この単位当たり賃金率は人的資本の効率性を反映していると考えられますが、以下のモデルでは

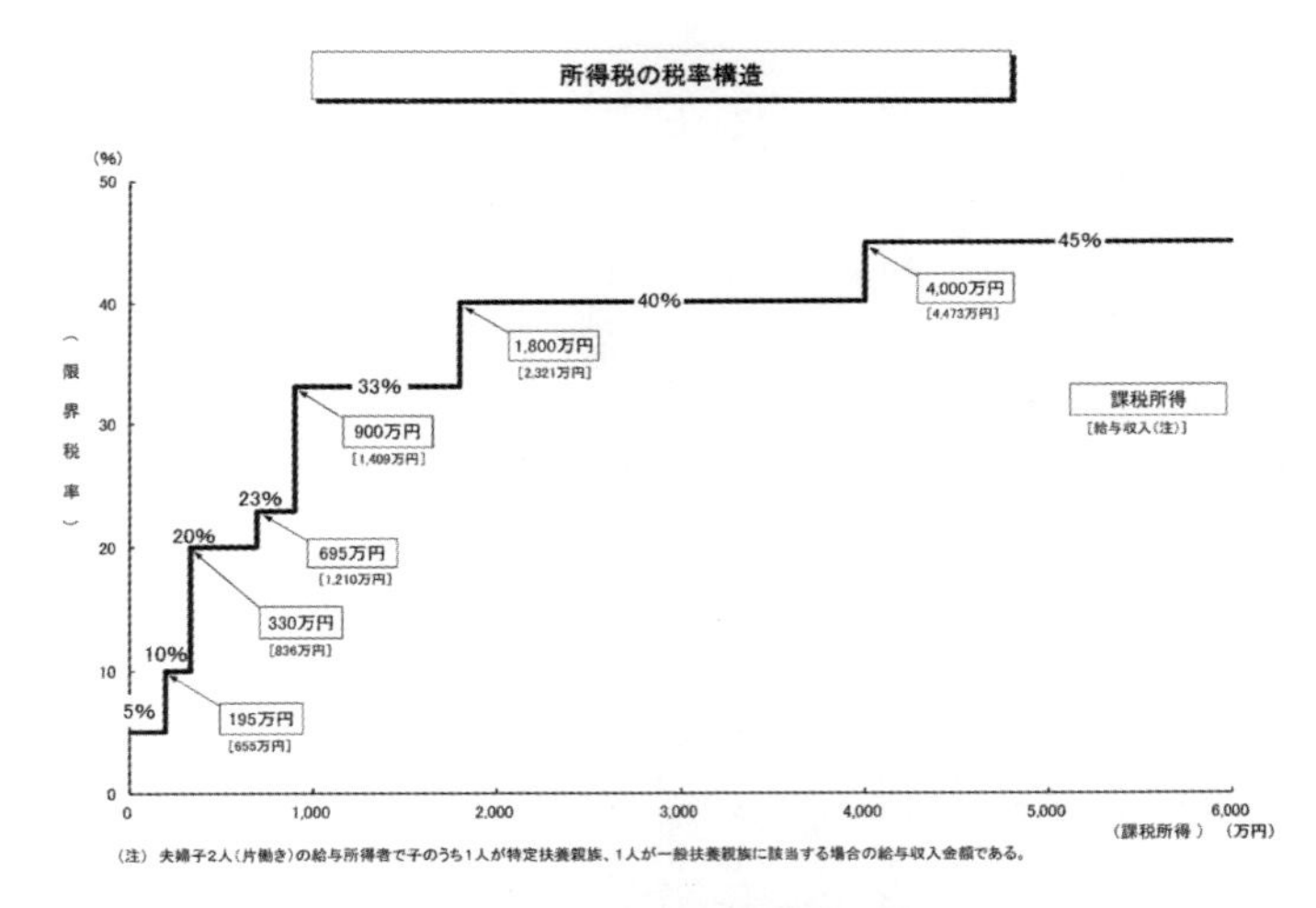

図2　日本の所得税の税率構造

出典：https://www.mof.go.jp/tax_policy/summary/income/b02_1.pdf

外生的に所与とします。

彼らの賃金（課税）弾力性を

$$e = [(1-t)/Y_A]\, dY/d(1-t)$$

で表します。ここで t は税率です。政府は最適税率表を決定する際に、最もリッチな人を特定する必要がなく、Y^* をどのくらいの所得水準にするかは、すでに決まっているとします。政府が決める問題は最適税率 t^* だけです。

この単純化されたモデルで、最高所得階層に対応する最適な限界税率 t^* を求める問題を考えてみます。いくつかの単純化の仮定を置くと、Saez（2001）や Diamond and Saez（2011）で示されたように、この解は以下のような式で表されます。

$$t^* = \frac{1-\bar{g}}{1-\bar{g}+ae}$$

ここで a は

$$a = \frac{Y_A}{Y_A - Y^*}$$

で定義されます。$g^i=\theta^i U_c$ を社会的公平性の指標として、$\bar{g}$ は g_i を所得でウエイトした平均値を表します。また、U_c は所得あるいは消費の限界効用、θ_i は個人 i の効用が社会厚生に及ぼす影響のウエイトを示しています。つまり、公平性の価値判断が低所得者により配慮するものであるほど、ウエイト付けする所得の値が相対的に低くなるので、$\bar{g}$ の値は小さくなります。

そうした関係式を考慮して、右の最適税率の式から最適な税率を求めると、$\bar{g}$ の値が小さくなるほど、最適な限界税率 t^* は大きくなります（公平性の価値判断が効いています）。また、もし弾力性の値 e が相対的に小さければ、最高所得税率 t^* は相当高くなります（代替効果が小さいので、効率性のコストが相対的に小さくなるという効率性の影響が効いてきます）。なお、$Y_A=Y^*$ の極端なケースでは a は無限大となって、$t^*=0$ になります。これはトップの人が一人しかいない場合ですが、その場合の最適税率はゼロです。これは Sadka（1976）や Seade（1977）の論文で示されたように、最適所得税論では古典的な結果です。もちろん、トップの所得階層の人がたくさんいる一般的なケースだと、a は無限大にならないので、最適税率はゼロよりも高くなります。

Diamond（1998）, Diamond and Saez（2011）などで示されたように、アメリカの数値計算によると、最適なトップ税率は五〇％から八〇％ぐらいの数字になりえることが報告されています。先に指摘したように、最適税率は公平性の価値判断とともに効率性の影響や所得格差の程度にも依存します。一般的に、弾力性eが大きいほど、最適な限界税率は小さくなります。また、所得分布が偏在しているほど、最適な限界税率は高くなります。

日本の最高税率は、課税所得で四〇〇〇万円以上の階層に対応しますが、住民税一〇％も同じ所得に課税されていますので、それも考慮すると五五％になります。先の理論分析は、所得分布や弾力性、公平性の価値判断次第では、五五％の税率が最適税率になる可能性もあり得ることを示唆しています。言い換えると、五五％という我が国の最高税率は、公平性の価値判断や効率性のコスト、所得分布の状況次第では、それほど高くないかもしれないといえるでしょう。もちろん、四〇〇〇万円以上の課税所得階層の人のなかでの所得分布の状況や効率性のコスト次第では、そうでないかもしれません。

今までの議論は、基本的にMirrleesの一九七〇年代初めの最適所得税の古典的な論文（1971）をベースにしています。そこでは、賃金率が外生と仮定されています。各人の賃金率が能力の差によって違うという点は考慮されていますが、人によって異なるとされていた賃金率は、こうしたモデルではあくまでも外生です。実際には、人的資本形成を考えると、特に中長期的には賃金率はスキルの程度を反映して内生的に決まってくるでしょう。その場合、所得といっても労働所得だけでなく、資本所得も重要になってきます。資本所得と労働所得が同時に所得の源泉であるとき、しかも、人的資本形成の格差と資本所得の格差の両方があるときに、どういった形で労働所得や資本所得に税率をかけるべきかを分析するには非常に複雑な動学モデルが必要になります。

さらに、不確実性や相続・遺産、資産蓄積も考慮すると分析はますます複雑になってきます。私は二〇〇一年の論文 Ihori（2001）で資産格差と経済成長や課税の関係を理論分析しましたが、定性的な結果を得るのは大変でした。最近、Heathcote, Storesletten and Violante（2020）や Guvenen,Kambourov, Kuruscu, Ocampo and Chen（2023）など、いくつかの論文で、所得格差の源泉と最適な所得税や資産課税がどう関係しているのかを複雑なモデルで理論分析や数値解析分析していますので、興味ある方はこうした文献をご参照ください。

3　資源配分機能

(1) オープン財政学

次のトピックは、財政の資源配分機能です。資源配分の効率性は、財政学あるいは公共経済学では伝統的に最も核心的な研究分野ですので、多くの研究成果が出ています。特に古典的な論文は一九五〇年代に Samuelson が公刊した公共財の最適供給モデル、Samuelson（1954）です。その後一九八六年に Bergstrom ほかの著者が公刊した公共財の自発的供給モデルの論文、Bergstrom, Blume and Varian（1986）

も重要な貢献であり、多くの研究者に引用されている論文です。ところで、二〇〇〇年代以降に入って、この資源配分機能との関連で関心を持たれている分野の一つが、オープン（開放）経済のケースです。

標準的な財政学では、政府は一つと暗黙に想定されています。しかし、実際の現実では、一つの国のなかにも中央政府と複数の地方政府が共存しています。これら一つの国における複数政府間での財政の相互依存は、課税競争や行政区域を越えた公共財供給のあり方など、地方財政学の主要な関心事です。本章では地方財政については取り上げませんが、それと理論的に似た分野がオープン財政学になります。

すなわち、国際的にもグローバル化が進むと複数の国々の政府間で財政的な相互依存関係が無視できなくなります。公共財などの支出面にしても所得税などの税制面でも、一つの政府の範囲外に何らかの影響を及ぼす国際的な外部効果がプラスとマイナスで効いてきます。プラスの外部効果としては、例えば、地球温暖化対策の支出をある国の政府が実施したとして、その恩恵は他の国の住民にも及びます。マイナスの外部効果の例としては、ある国の所得税が引き下げられた場合、外国から有能な人材が流入してくるので、流出先の外国にとっては有能な人材が少なくなって、ありがたくないでしょう。こうした外部効果は資源配分の効率性を歪める可能性が高いので、複数政府間での競合や協調による便益や懸念をどう調整して、克服する方策を考えるかは大きな問題です。これがオープン財政学と呼ばれる分野です。

オープン財政学については、Wildasin 教授が National Tax Journal に公刊したサーベイ論文 Wildasin (2021) があります。この分野のサーベイとして有益ですので、興味のある方は是非ご覧ください。

(2) 防衛費の負担問題

これからお話しするのは、オープン財政学の分野としてはごく一部のトピックになります。それが、同盟国内での防衛費の負担問題です。多国間で同盟関係にある複数の国を想定します。各国政府は同盟国全体で安全保障に役立つ国際公共財（例えば、防衛費）を供給しています。ただし、同盟関係にあっても、各国政府の主要な関心は自国の利益です。それぞれの国が自国の利益を最優先に考えて国際公共財である防衛支出を供給する場合、その公共財が同盟関係にある外国に及ぶす便益を考慮して決定しているわけではないので、つまり、防衛支出の外部効果を内部化していないので、同盟国全体でみれば過少供給になります。逆に言うと、他国の防衛費の負担にただ乗りする誘因が生じます。自国以外の同盟国が防衛費を増やしてくれれば、自国はそれの恩恵にあずかれるので、自国の防衛支出を減らす誘因が生じます。こうしたただ乗りの誘因は、公共財の自発的供給モデルに常に内在する難点です。その結果、資源配分上のゆがみが生じるのです。この難点をどう克服するかは、財政学の資源配分機能においても重要な理論的関心事です。

この問題は財政学の応用分野でもあるのですが、「防衛の経済学」という別の学問分野でも重要な研究課題となっています。この分野で私は甲南大学の中川真太郎教授、アメリカのUC Irvine大学のMcGuire教授と三人でこれまで一〇年ぐらい共同研究していまして、いくつかの著作と論文を公刊しています。Ihori. McGuire and Nakagawa（2019）の著作などです。二〇二三年に公刊されたＮＡＴＯに関するハンドブックでも我々三人は一つの章を担当しました。興味のある方はNakagawa, Ihori and McGuire（2023）

を参照してください。今日はそうした共同研究のうちのいわゆる「搾取仮説」について、我々の共同論文Ihori, McGuire and Nakagawa（2014）の内容を簡単にお話ししたいと思います。

同盟関係にある二つの国が完全に純粋公共財の性格を持つ防衛費をお互いに負担すると想定しましょう。このケースでは、国によって所得が違うときに、大国がかなりの割合で公共財を供給して、小国はそれにほとんどただ乗りするという仮説＝搾取仮説（小国が大国を事実上搾取している現象）が成立することが知られています。非協力ゲームのナッシュ均衡で分析すると、大国は対GDP比でみて、極端に多くを負担する均衡が生じます。

例えば、NATOの軍事費負担でも、対GDP比でみて、アメリカはヨーロッパ諸国よりもかなり高い負担比率になっています。トランプがアメリカ大統領だった二〇一八年頃、彼はアメリカ・ファーストをスローガンに掲げましたが、その矛先の一つはNATOにおける負担比率の不公平さでした。アメリカがNATOの軍事費の多くを負担しているにもかかわらず、ヨーロッパ諸国があまり負担していないのはけしからんと批判したのが、政治的な話題になりました。

実際の数字でも、五年平均で防衛費のGDP比率をみると、図3に示すように、確かに、アメリカの負担比率は高いのです。ただ、冷戦が終わった一九九〇年代以降は、それほど極端にアメリカが防衛費を負担してきたわけでもありません。9・11の同時多発テロがアメリカであった二〇〇一年以降、アメリカの防衛費が増えたのは、イラク戦争やアフガン戦争にアメリカが介入してきたことに起因しています。基本的に冷戦構造が崩壊した一九九〇年代に入ってからは、それほど極端な搾取仮説は成立していないともい

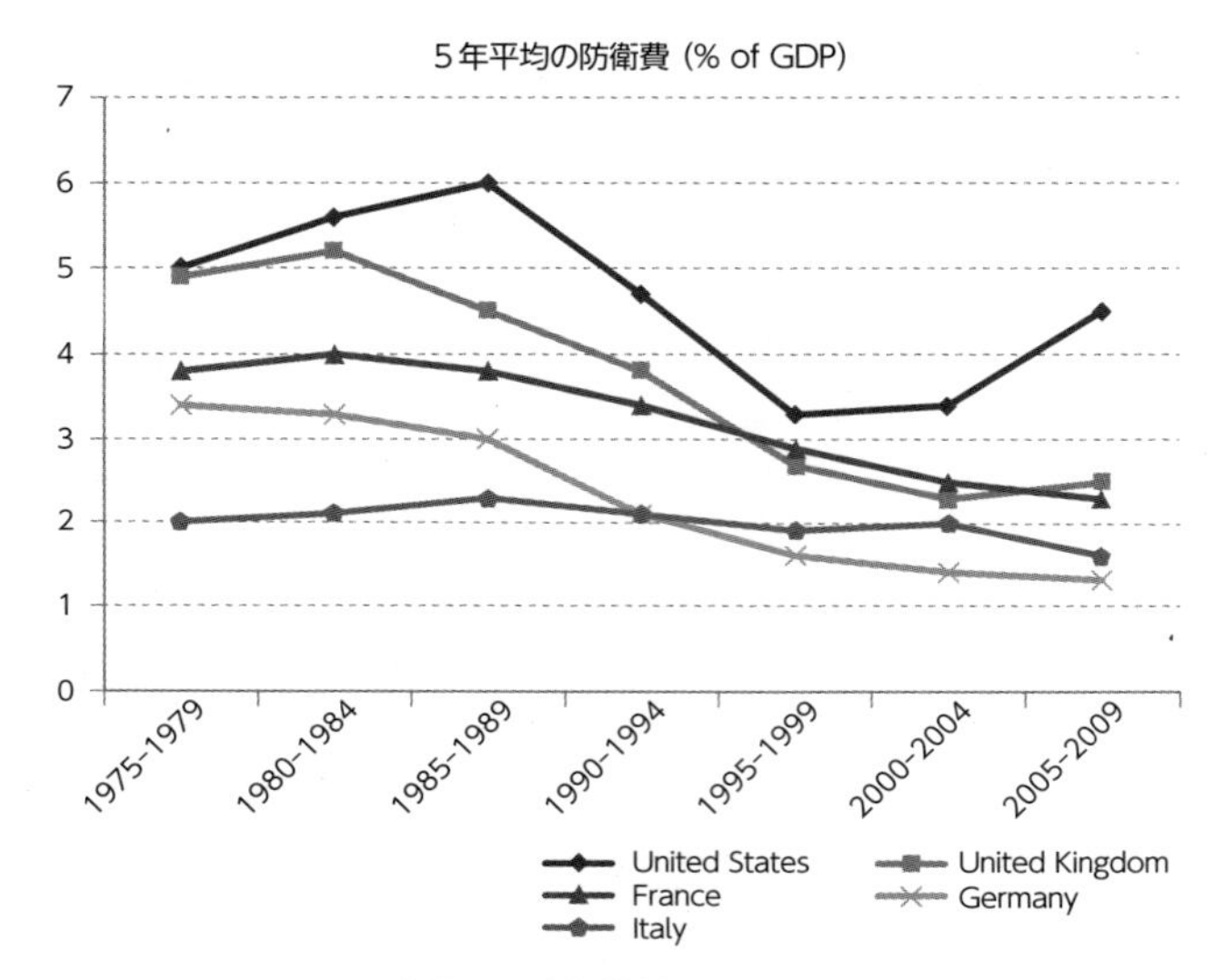

図3　主要国の防衛費対 GDP 比率の推移

出典：Ihori, McGuire and Nakagawa（2014）をもとに作成

えるでしょう。

（3）防衛費負担の数値計算

Ihori, McGuire and Nakagawa（2014）では、国の規模が違ったときに、防衛費の負担がどうなるのかについて、同盟関係にある二つの国が防衛費を自発的に負担する理論モデルを構築してナッシュ均衡の特徴を理論分析し、また、関数型を特定化して数値計算もしてみました。

その簡単なモデルを説明します。不確実性を考慮して、戦争が起きるか起きないかという二つの事象があるとします。それに対処できる防衛支出として、二つの異なるタイプの公共財（防衛支出）を想定します。第一のタイプの防衛支出は、自己保護＝攻撃的対応と呼ぶべき軍事支出です。例えば、北朝鮮が日本にミサイルを撃ってくるリスクを想定します。攻撃的対応では、北朝鮮のミサイル基地を事前に攻撃することで、日本にミサイルが飛んでくる（戦争が起きる）確率を減らすことができるでしょう。こうした公共財は悪い事象（戦争が起きる事象）が生じる確率を小さくして、良い事象（ミサイルが飛んでこない事象）が起きる確率を大きくする効果があります。

それに対して、第二のタイプの防衛支出は、実際に悪い事象が起きたときに、その損失を軽減させる効果を持つもので、自己保険＝防御的対応と呼べる公共財支出です。例えば、実際にミサイルが日本の上空に飛んできたときに、防御的な対応としてそれを撃ち落とす対応です。そうすると、悪い事象（仮想敵国からのミサイル攻撃）が生じたとしても、その損害を回避できます。もちろん、すべてのミサイルを打ち落とすのは難しいでしょうから、撃ち落とし損じたときに日本に多少の被害がでるでしょう。それでも、その被害額は防御的対応があることで小さくできます。

以上、二つのタイプの防衛支出を想定します。それぞれの防衛支出は純粋公共財の性質を持っていて、同盟関係にある二つの国の支出額の合計が自己保護、自己保険の便益としてそれぞれの国で効いてくるとします。攻撃的兵器は自己保護で、防御的兵器が自己保険と呼ばれる対応です。日本の安全保障では、憲法九条の制約があって、攻撃的兵器を持てないため、防御的兵器である自己保険が中心です。ヨーロッパの多くの国も防御的兵器が中心です。これに対して、アメリカの軍事支出には攻撃的兵器が多いでしょう。

このように、攻撃的兵器と防御的兵器の二つの種類の国際公共財を考えて、搾取仮説がどのくらい成立しそうかをモデル分析し、さらに数値計算してみました。関数型をもっともらしい形に特定化して、二つの国A、Bの所得Yを外生的に変化させたときに、また、当初の被害額Lを外生的に変化させたとき、攻撃的支出m_1（あるいは二国の合計ならM_1）と防御的支出m_2（あるいは二国の合計ならM_2）、そして、良い事象が起きる確率p（これはM_1の増加関数です）、悪い事象が起きる確率$1-p$、悪い事象が起きたときの被害額を軽減させる効果F（これはM_2の増加関数です）、それぞれの国の消費水準、すなわち、良い事象での消費C^1、悪い事象での消費C^0と期待効用でみた経済厚生Wについて試算をしています。なお、上付きの添え字A、Bはそれぞれの国を表しています。また、πはm_2のm_1で評価する際の相対価格（実質的な保険価格）を表します。

その結果が表1にまとめられています。この数値計算では、大国と小国の二国モデルで経済規模が違うときに、それぞれの国が二つのタイプの公共財の供給水準を自発的に決めるというナッシュ均衡での解がどうなるかを示しています。それによると、全体的にみれば、大国Aのほうが小国Bよりも防衛費を多く負担しています。また、試算の結果として、大国は損失やGDPが増えると、攻撃的兵器も防御的兵器も増やす傾向があります。たしかに、小国は、攻撃的兵器については大国の軍事支出にただ乗りする傾向が高いようです。攻撃的兵器M_1を小国がまったく供給しないコーナー解のケースが出ています。（$m_1^B=0$）この限りでは搾取仮説が成立しそうです。しかし、防御的兵器m_2に関しては、小国Bもある程度供給しているという結果が出ています。このタイプの防御的な支出についても、両国の負担比率でみると、大国のほうが高い傾向は出ています。それでも極端な搾取仮説は成立していないと判断できるでしょう。

このように、防衛費を二つのタイプに分けると、現実的な防衛費の負担とその構成に関してある程度理

		1	2	3	4
1	Y^A	40	50	60	60
2	Y^B	24	30	36	36
3	$\bar{L}^A$	10	10	15	10
4	$\bar{L}^B$	6	6	9	6
5	m_1^A	1.316	1.348	2.690	1.380
6	m_2^A	2.569	2.098	5.234	1.619
7	m_1^B	0.000	0.000	0.000	0.000
8	m_2^B	0.505	0.392	0.192	0.280
9	$p(M_1)$	0.436	0.439	0.552	0.442
10	$F(M_2)$	2.767	2.241	4.884	1.709
11	C^{1A}	35.356	45.971	53.055	56.580
12	C^{0A}	31.450	40.892	47.193	50.329
13	C^{1B}	23.346	29.500	35.844	35.647
14	C^{0B}	20.767	26.241	31.884	31.709
15	W^A	14.190	14.568	14.798	14.874
16	W^B	13.613	13.936	14.229	14.203
17	$Y^A+m_1^B+\pi m_2^B$	40.654	50.500	60.156	60.353
18	$Y^B+m_1^A+\pi m_2^A$	28.644	34.029	42.945	39.420
19	$(m_1^A+\pi m_2^A)/Y^A$	11.609%	8.058%	11.576%	5.700%
20	$(m_1^B+\pi m_2^B)/Y^B$	2.726%	1.667%	0.434%	0.981%

表1　防衛費の負担と経済効果の試算結果

出典：Ihori, McGuire and Nakagawa（2014）

論的な説明がつきそうです。防御的兵器については小国でもそれなりに負担しています。各国ともに同じ負担比率になる可能性は低いのですが、極端な搾取仮説は成り立っていません。我が国の防衛費も、防御的兵器に限れば、被害額の想定次第ではまだ負担を増やす余地はありそうです。ただし、攻撃的兵器については搾取仮説が成り立ちそうです。攻撃的兵器にまで各国の負担比率が同じ水準になるナッシュ均衡は、各国が自国の利益を最優先する限り、なかなか実現しないでしょう。言い換えると、小国である我が国が攻撃的兵器を保有するケースを正当化するには、ナッシュ均衡を前提としていても、その便益について、本モデルが想定している以上に強い仮定（例えば、攻撃的防衛支出の評価が日本で高い想定や悪い事態の起きる確率が日本で高い想定など）が必要でしょう。

4　経済安定化機能

(1) 景気対抗的な政策か景気順応的な政策か

次のテーマは、財政の経済安定化機能です。経済安定化とは景気変動でマクロ経済活動が大きく振幅する場合、景気対策などでマクロ需要の変動を緩和させて、マクロ経済活動を安定化させる政策です。代表的な例は、ＧＤＰが減少して景気が悪いときに、財政支出を増やす総需要管理政策であるケインズ政策です。こうした対応では、不況期に財政赤字を拡大するのが望ましいことになります。これは、景気対抗的な財政運営＝カウンターシクリカル（counter-cyclical）な政策です。ＧＤＰが増えたときには財政支出を減らして、ＧＤＰが減ったときに財政支出を増やすのですから、ＧＤＰと政府支出の間にマイナスの相関が生じます。このような景気対抗的な財政運営はマクロ経済活動を平準化させて望ましいというのが、ケインズ政策の基本的な発想です。

ただし、場合によっては、景気順応的な財政運営＝プロシクリカル（pro-cyclical）な政策、つまり、政府支出とＧＤＰがプラスに相関する財政運営のほうが実施される状況もあります。すなわち、景気の良いときに政府支出を増やして、景気の悪いときに政府支出を減らす財政運営も、ある政治経済環境ではケインズ政策とは別の経済理論で説明がつくかもしれないのです。

それを各国別のデータで検証した論文があります。Frankel, Vegh and Vuletin（2013）です。この論文は一九六〇年から二〇〇九年までの五〇年ぐらいの期間のＧＤＰと政府支出の相関を各国別に調べた実証研究です。図４で灰色は途上国です。黒色は先進国です。これを見ると、途上国ではほとんどの国でＧＤＰと政府支出の相関がプラスであり、景気順応的＝プロシクリカルです。逆に、先進国ではほとんどの国でこの相関がマイナスであり、景気対抗的＝カウンターシクリカルです。先進国は標準的なケインズ政策である景気安定化政策をやっていますが、途上国はそうした財政運営をあまりやっていないという結果になります。日本は景気安定化政策を実施しているといえそうです。

ところが、それを一九六〇年から二〇二〇年までもう一〇年サンプル期間を延長して検証した論文もあります。Fernández, Guzman, Lama and Vegh（2021）です。この論文を見ると、図５にあるように、途上国でも景気対抗的＝カウンターシクリカルの政策を採用している国が出てきています。なお、注目すべきは日本です。日本は景気順応的＝プロシクリカルな財政運営に変わっています。すなわち、日本は二〇一〇年以降の最近一〇年間のデータも考慮すると、景気安定化政策をそれほど強力には実施していないことになります。政府支出とＧＤＰに関して、ケインズ政策が想定しているようなマイナスの相関が明確には出てないのです。

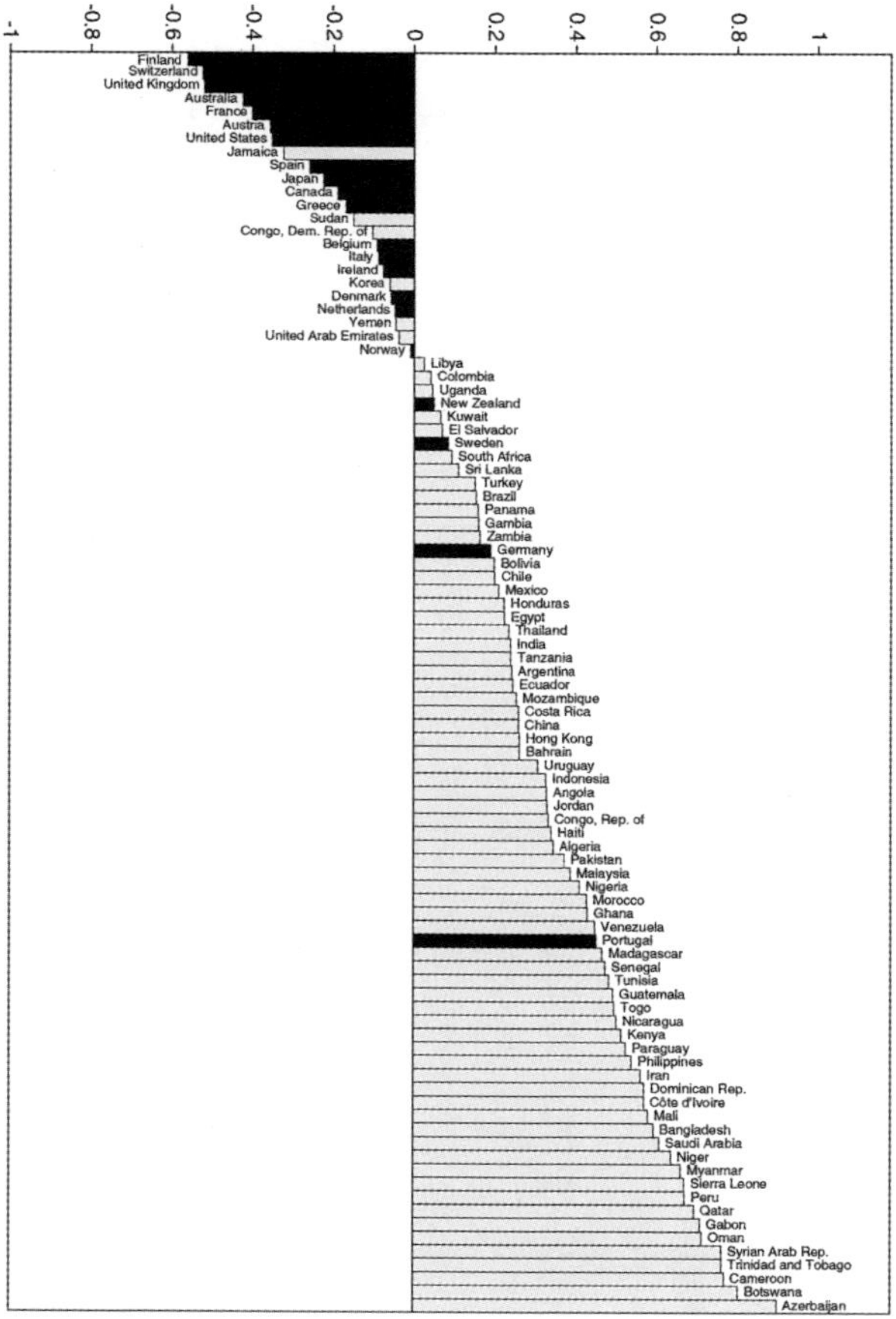

-1
-0.8
-0.6
-0.4
-0.2
0
0.2
0.4
0.6
0.8
1

Finland
Switzerland
United Kingdom
Australia
France
Austria
United States
Jamaica
Spain
Japan
Canada
Greece
Sudan
Congo, Dem. Rep. of
Belgium
Italy
Ireland
Korea
Denmark
Netherlands
Yemen
United Arab Emirates
Norway
Libya
Colombia
Uganda
New Zealand
Kuwait
El Salvador
Sweden
South Africa
Sri Lanka
Turkey
Brazil
Panama
Gambia
Zambia
Germany
Bolivia
Chile
Mexico
Honduras
Egypt
Thailand
India
Tanzania
Argentina
Ecuador
Mozambique
Costa Rica
China
Hong Kong
Bahrain
Uruguay
Indonesia
Angola
Jordan
Congo, Rep. of
Haiti
Algeria
Pakistan
Malaysia
Nigeria
Morocco
Ghana
Venezuela
Portugal
Madagascar
Senegal
Tunisia
Guatemala
Togo
Nicaragua
Kenya
Paraguay
Philippines
Iran
Dominican Rep.
Côte d'Ivoire
Mali
Bangladesh
Saudi Arabia
Niger
Myanmar
Sierra Leone
Peru
Qatar
Gabon
Oman
Syrian Arab Rep.
Trinidad and Tobago
Cameroon
Botswana
Azerbaijan

図4　各国のGDPと政府支出の相関：1960–2009

出典：Frankel, Vegh and Vuletin（2013）

図５　各国のGDPと政府支出の相関：1960−2020

出典：Fernández, Guzman, Lama and Vegh (2021)

（2）景気順応的な財政運営

なぜ景気順応的な財政対応が生じ得るのかについては、いくつかの理由が考えられます。そのなかでも代表的な説明の一つは、資本市場の不完全性に注目するものです。すなわち、途上国の場合には、資本市場が国内で未発達で、国債を発行しても国内でそれほど多くは消化できないでしょう。したがって、国債の主要な購入先は、外国の投資家になります。対外的に外国の投資家に買ってもらえないと、国債を発行することは難しいでしょう。しかし、途上国の償還能力が信認されていない場合、外国の投資家が購入する量には制約があります。その結果、その国内のみならず国外でも国債を十分に発行するのは難しくなります。

国債が円滑に発行できないと、歳出と税収がほぼ一対一にリンクする均衡財政で運営するしかありません。景気が悪くなったときには税収が落ち込みますから、政府支出も減らすしかないでしょう。逆に、景気が良いときには税収が増えるので、それにつられて政府支出が増えます。したがって、GDPと政府支出にはプラスの相関が生じることになります。すなわち、資本市場が不完全で国債を事実上十分に発行できない国では、景気順応的な財政運営＝プロシクリカルな財政政策を実施することになります。

ところが、こうした資本市場の不完全性は日本のような先進国では、当てはまらないでしょう。日本の場合、国債は国内外で十分に発行できています。景気対抗的な財政運営は、資本市場の機能を前提とする限り、実行可能です。それでも、グローバル化した先進国の日本で景気順応的な政策が実施されているとすれば、それを資本市場の不完全＝未発達という理由で説明するのは無理そうです。

（3）政治的な要因

景気順応的な財政運営の説明として、別の有力な理由は政治的なものです。すなわち、政治経済学の視点での研究も行われています。例えば、以下のようなロジックです。好景気で財政状況が良くなると、それを当てにして利益団体からの政治的なプレッシャーも大きくなってきます。景気が良くて税収が増えたのだから、それを利益団体にも還元してほしいという政治的な圧力です。政府が政治的に弱いと、こうした利益団体の声も強くなるでしょう。

実際、我が国では税収が増えると、二〇二四年六月に実施された岸田政権の一人四万円の定額減税政策のように、それを還元するばらまき政策が実施されがちです。あるいは、多くの有権者を対象に一時的な給付金を増やしたりします。政府支出のなかには移転支出も含まれますから、景気が良いときに移転支出を増やす政策は、景気に対しては順応的＝プロシクリカルな政策になります。このような政治的な要因を考慮すると、政治的圧力に弱い政府は景気順応的な財政対応を実施する可能性があります。

日本でそういう可能性がどの程度あるのかを亀田啓悟教授との共同研究で調べてみました。その研究結果を Ihori and Kameda（2018）の著作にまとめています。ここでは利益団体の政治的活動が財政運営に及ぼす影響に注目しているのですが、実証分析で利益団体の政治的活動をどのような財政変数で代理させるかは難しい問題です。我々のデータでは、一応、農業関連支出が政治的に既得権化しているとの想定を立てて、農業関連の支出とＧＤＰの相関を調べました。

我々の研究によると、都市部の自治体では財政運営として景気安定化政策を実施しているといえそうです。けれども、地方の過疎地を抱える北海道や九州、四国、山陰、北陸、東北などの自治体ではそうでもなさそうです。一般的に、過疎地を抱える地方のほうが、農業団体など政治的な利益団体の圧力は強いでしょう。地方出身の国会議員やその背後にある農業関連の利益団体が政治的圧力をかけて、景気の良いときに地元にお金をより多く取ってくると、地方のそうした歳出とその地方のＧＤＰはプラスに相関します。これは景気順応的な財政運営になります。地方の景気順応的な財政運営のほうがより強く効いているとすれば、日本全体の財政運営も景気順応的になる可能性があります。

前述したように、国際比較の実証研究でも、二〇〇九年までよりは二〇二〇年までに期間を拡大すると、我が国の財政運営はより景気順応的な財政運営になっていました。こうしたデータを踏まえた我々の実証研究からは、ここ一〇年ぐらい日本の財政運営が政治的圧力に弱くなってきているといえそうです。

（4）乗数とケインズ効果

経済安定化に関する次のトピックは、財政乗数とケインズ効果あるいは非ケインズ効果です。景気対策の場合、政府支出を増やすことがＧＤＰに与える効果、すなわち、プラスの乗数効果＝「ケインズ効果」の大きさが問題になります。ケインズ効果を重視すると、この乗数の値が大きいケースほど、景気対抗的政策が正当化されるという議論になります。この乗数値が大きいと、所与の財政支出がＧＤＰを拡大させる景気対策の効果も大きくなるからです。ただし、乗数値の推計は経済環境やモデルの定式化に依存するところも大きく、さまざまな値が報告されています。私は論文Ihori（2006）で二〇〇〇年代初頭までの財政政策の効果を検証しましたが、総じて限定的な結果を得ています。そして、三平（二〇二一）がサーベイしているように、我が国の実証分析をまとめると、程度の差はありますが、傾向として二〇〇〇年代に入ってから財政乗数の値は下がってきています。

時代とともに財政乗数の値が下がってきている理由はいくつか考えられるでしょう。例えば、政府の規模が拡大するにつれて、社会保険料も含めた所得税率が上昇したので、ＧＤＰが増えても、可処分所得があまり増加せず、消費に回る乗数効果が小さくなったと考えられます。高齢化とともに社会保障の保険料率が趨勢的に上昇してきたのは、実質的な増税効果を持っています。この点からは乗数効果を小さくしているでしょう。

あるいは、グローバル化が進展して限界輸入性向が増えたので、可処分所得が増えても、国内消費に回る金額が少なくなって、乗数も低下したとも考えられます。さらには、将来の経済不安、財政不安、社会保障制度不信などで、現在の所得が増えても将来不安に備えて貯蓄を増やす人も多いでしょう。そうなれば、現在の消費はあまり増えずに乗数も低下します。また、変動為替レート制度でのマンデル・フレミング効果も指摘されています。これは財政出動で金利上昇圧力が生じると、円高に振れやすいので、輸出を抑制し、輸入を刺激して、国内需要にマイナスに働く効果です。

それでも、標準的なケインズ・モデルを想定する限り、乗数の値はプラスですし、一よりは大きいでしょう。政府支出増加の直接効果で乗数は一になりますが、民間消費を刺激するプラスの誘発効果が加わって、ケインズ効果では、通常は、一より大きな乗数の値を想定しています。

これに対して、新古典派の極端なモデルでは、完全な資本市場と合理的な個人を想定しているので、乗数効果は相当限定的です。通常は一よりも小さくて、ゼロの近傍になります。つまり、政府支出が増加しても、結局は恒常的な税負担の増加を意味するので、合理的な家計はそれを見越して即座に消費を抑制して、将来の増税に備えるべく、貯蓄を増やします。これは現在の民間消費を減少させて、総需要を抑制するので、政府支出を増やしてもマイナスの誘発効果をもたらして、乗数の値は一より小さくなります。

ただし、どちらのモデルがより現実的かは、議論が分かれるところです。ケインズ・モデルはその日暮らしの流動性制約の家計を想定しているのに対して、新古典派モデルは異時点間の平準化が可能となる長期の視点で最適化している家計を想定しています。不況期には低所得者の人が多いので、よりケインズ的な色彩が強くなって、乗数の値は高くなるでしょう。政府支出の乗数効果は、不況期のほうが好況期に比べてより高くなると想定されます。実際、いくつかの論文で不況期と好況期で乗数の値を比較したものもあります。最近では、Journal of Public Economics に 2022 年に公刊された論文が、多くの途上国、先進国で計測された乗数の値を包括的に比較しています。Sheremirov and Spirovska（2022）の論文です。それによると、多くの国々で乗数値は確かに低下しているし、不況期のほうが好況期よりも乗数の値が高いという結果も出ています。

（5）非ケインズ効果

乗数効果とともに、二〇〇〇年代に入って注目された一つのキーワードが「非ケインズ効果」です。これは、財政状況が非常に悪いときに、増税しても消費が減らないどころか、むしろ刺激されるという逆説的な効果を意味します。普通は増税すると、その時点での可処分所得も減るので消費は減るでしょう。ケインズ効果です。これに対して、非ケインズ効果は、増税しても消費は減らないでむしろ増えるという逆説的な効果です。増税しても消費が減らずに逆に増えるのは、今増税することによって政府の財政状況が中長期的に改善する見通しがつけば、将来は大規模な増税をしなくて済むから、将来にかけて財政の持続可能性が高くなり、財政制度への信認も高まり、人々が安心して今からより消費をするだろうという理屈です。

この非ケインズ効果は、合理的個人を想定しているという意味で「公債の中立命題」ともかなり関係します。政府支出が一定の下で、現在に公債発行を減額させて増税することは、将来に同額だけの減税を意味するので、恒常的な税負担は一定のままになります。したがって、新古典派のマクロ・モデルを想定すると、恒常的可処分所得も一定に維持されるので、今期の民間の消費はまったく影響を受けないという公債の中立命題が成立します。これに対して、ケインズ・モデルでは、現在に増税すると現在の可処分所得が減りますから、今期の消費が抑制されます。他方で、非ケインズ効果では、現在に増税するとむしろ民間消費は増えます。以下の表2を参照ください。表2はケインズ効果、非ケインズ効果、公債の中立命題を比較したものです。

日本のように財政状況が悪い国では、財政健全化が重要な政策課題です。財政再建をする時期が来れば、いずれは増税が視野に入って来ます。そうした場合、財政再建よりも当面の経済状況を優先すべきと

表2　ケインズ効果、非ケインズ効果、公債の中立命題

	増税	政府支出の削減
ケインズ効果	民間需要　－	民間需要　－
非ケインズ効果	民間需要　＋	民間需要　＋
公債の中立命題	民間需要　0	民間需要　？

主張する人々からは、増税をすれば短期的に景気の足を引っ張るという懸念が指摘されています。そうした懸念に対して、非ケインズ効果が期待できると、増税しても民間消費は減らず、むしろ刺激されるので、財政再建と景気対策は両立可能になります。経済に配慮するためにも、財政健全化を進めるべきという結論になるのです。

この非ケインズ効果について日本の研究成果をサーベイしたのが、私が編集した内閣府の本（二〇〇九）の一つの章での亀田教授のサーベイ論文（二〇〇九）です。この論文では理論や実証分析をサーベイしているだけでなく、政策的な含意も豊富なので、その意味でも有益です。それによると、我が国のデータで検証すると、大体の結果として、非ケインズ効果はそれほど大きくはないけれども、時期によって、それから財政政策の規模によって、多少の効果はあり得るかもしれないとまとめられています。つまり、非ケインズ効果は我が国でも無視はできないけれども、量的な効果としては、それほど大きくないという評価です。

国際的に実証分析した研究では、最近公刊された論文で、非ケインズ効果を包括的に検証したものがあります。Afonso, Alves and Jalles（2022）です。この論文では、非ケインズ効果が財政再建時にどのくらい現実的に生じていそうかを、一七四か国の膨大なパネルデータで分析しています。その結果、政府支出の削減は非ケインズ効果をもたらさないけれども、政府支出が一定の下での増税は、特に先進国の場合、非ケインズ効果をもたらす可能性が大きいと結論づけています。

最後に、私がBatina教授と書いた論文Batina and Ihori（2024）で、Public Finance Reviewに二〇二四年に公刊された研究の内容を簡単に紹介します。この論文では、非ケインズ効果を今までと違ったルートで導出しています。二期間の簡単な理論モデルを想定します。標準的な理論モデルに市中銀行と中央銀行という二つの銀行を入れて、家計が預金をすると、その貯蓄はすべて市中銀行の預金になるとします。そして、市中銀行はその預金で政府の国債を購入します。間接的に家計が市中銀行を通して国債を買うという想定です。さらに、制度上、市中銀行は中央銀行に一定割合を法定準備で預けるとします。法定準備を預けると、場合によっては利子がつきます。我々の理論モデルでは利子がつかないケースも考慮していますが、いずれの場合も、法定準備に預金の一部が回されて、企業への貸出資金が減少するため、完全競争市場を前提として、市中銀行の利潤ゼロの条件を踏まえると、企業への貸出金利と家計からの預金金利が乖離するでしょう。

新古典派の家計を想定すると、現在増税することは将来減税することを意味するので、今期の増税によって貯蓄が減ることになります。貯蓄が減ることは、市中銀行に預けるお金が減ることを意味します。したがって、市中銀行が中央銀行に預ける法定準備も減ります。法定準備が減ること自体は政府（＝中央銀行）が支払う利子が減って、結局は家計の税負担の軽減につながります。これは、家計にとってプラスです。そのことで、消費が増える可能性が生じます。

直感的には、家計の予算制約式を使って説明することができます。この式は第一期、第二期の家計と政府の予算制約式を統合した現在価値での予算制約式です。

$$c_1^s + \frac{c_2^s}{1+r^d} = w_1^s \frac{w_2^s}{1+r^d} - (G_1 + \frac{G_2}{1+r^b}) + \frac{(r^d - r^b)T_2}{(1+r^d)(1+r^b)} - \frac{\theta r^{cd} A}{1+r^{b'}}$$

c_1、c_2は第一期、第二期の家計の消費、w_1、w_2はそれぞれの期の所得（外生）、G_1、G_2はそれぞれの期の政府支出（外生）、T_2は第二期の税負担、Aは預金、r^dは預金利子率、r^bは貸出利子率、r^{cb}は中央銀行預け金への利子率、θは法定準備率です。なお、上付きの添え字sは家計が預金者であることを表しています。この式の左辺は消費の割引現在価値、右辺は実質的な可処分所得の割引現在価値を表します。

ここで、法定準備への利子がゼロとすると、右辺の最後の項はゼロになります。そして、その場合、預金利子率は貸出利子率よりも低いので、第三項はマイナスになります。したがって、第一期に増税すると、第二期の増税圧力は小さくなるので、T_2が減少し、右辺全体（=実質的な可処分所得）は増加します。これは、第一期から消費を刺激するのです。

また、法定準備への利子率が貸出利子率と等しい場合は、その利率が預金利子率とも等しくなるので、右辺の第三項がゼロになります。そして、第一期の増税で家計の預金Aが減少するため、やはり右辺全体が増加します。この場合も、第一期の増税で第一期の消費は刺激されます。

このように、標準的なモデルを少し拡張すると、条件次第では非ケインズ効果を理論的に導出することが可能になります。

5　財政健全化戦略

（1）コミットメントの評価

次のトピックは、財政健全化戦略です。日本の財政状況は非常に悪いので、早晩、財政再建が必要です。政府も二〇二五年に基礎的財政収支の均衡化を掲げています。ただし、日本の財政再建の経緯をみると、健全化目標年度を設定しては、何度もそれを先延ばししています。日本の政治状況では、財政健全化目標にコミットすることがどのくらい確かなことなのか信認が持てないでしょう。また、理論的にも、政治経済学の枠組みでコミットメントの効果を分析することは重要です。

板谷教授と書いた論文Ihori and Itaya（2002）や二〇一一年に私が日本経済学会の会長講演をまとめた論文Ihori（2011）やIhori（2014）の論文では、こうした点を扱っています。これまでの理論分析の基本的な結果では、コミットメントがある場合（ハード予算の場合）に比べると、コミットメントがない場合（ソフト予算の場合）では政治的に財政規律は緩くなります。財政再建が遅れて、公債残高も高すぎるままになって、長期的な経済厚生も減少してしまいます。だから、財政再建を着実に実施するには、最初に約束した財政健全化目標をその後で見直さないようにすべきです。コミットメントは財政規律を維持するうえで意義のある枠組みです。

しかし、財政運営に柔軟性を持たせることにも、短期的にはメリットがあるでしょう。一時的に不況になり、ＧＤＰが低迷している場合、ケインズ効果が期待しているように、景気対抗的な財政運営が望ましい可能性はそれなりにあるといえます。その場合、増税や歳出削減を優先する財政健全化路線を進めるには、政治的にも経済的にもハードルが高いでしょう。かりに非ケインズ効果が十分に働かないとすれば、一時的に財政健全化のスピードを緩めるほうが良いかもしれません。

ＥＵでも一九九〇年代当初はマーストリヒト条約で財政赤字対ＧＤＰ比三％という制約を設定しました。しかし、その後の見直しでは、景気の悪いときに財政赤字の対ＧＤＰ比が一時的に三％を超えても良いという柔軟化のしくみも取り入れています。ただし、あまり柔軟にしすぎると、財政規律が緩むので、財政健全化が失敗しやすいのも事実です。要は、財政健全化におけるコミットメントのコストと便益の両方を比較して、どちらを優先するかです。我が国の場合は、財政規律が甘く、コミットメントが軽視されすぎてきました。これからはコミットメントの便益をより重視して、財政健全化を進めるべきでしょう。

（2）望ましい財政健全化戦略

望ましい財政健全化戦略のポイントはいくつかあると思います。まず、上述したように、財政再建努力を途中で緩める方向で見直さないことが重要です。そのためには、コミットメントを担保できる強い法的枠組みが必要です。なかでも、大型の補正予算への歯止めは重要です。当初予算と比較して補正予算は金額ありきで安易に編成されやすいものです。二〇二〇年以降コロナ危機を契機として大型の補正予算が何度も編成されたこともあって、最近では補正予算への政治的圧力が高くなっています。これは財政規律を緩める悪い効果をもたらしますので、補正予算に対する厳しい歯止めを作るべきでしょう。

国際的に見ると、外国が財政出動すると、自国からその国への輸出が増加するので、自国もメリットがあります。つまり、他国には財政規律を求めないで、積極的な財政運営をしてもらうほうが、自国の景気にはプラスになります。したがって、自国は外国の財政出動にただ乗りすることが可能になるため、外国には財政再建を求めない誘因が大きくなります。財政健全化の実効性を高めるには、国際的に拘束力のある協力体制が求められますが、国際的にそうした体制を構築するのは難しいでしょう。EUのように、通貨統合で金融政策が共通でない限り、財政健全化で国際協調を実現するにはハードルが高いのです。

また、直近の選挙を気にする政治家は、財政破綻リスクを過小評価する誘因があるでしょう。高齢の現在世代の有権者にもそうした誘因があると思います。高齢世代が政治的な決定権を持つと、将来よりも現在を過度に重視する「シルバー民主主義」の弊害が生じます。これを是正するのはなかなかやっかいです。さらに、そうした政治的な環境では、財務当局の財政健全化努力もマイナスに影響を受けるでしょう。内閣府の中長期の財政・経済試算でも、ともすれば、楽観的すぎる経済見通しを公表したり、財政健全化の先送りを正当化したりするような経済や財政の予測をしがちです。こうした政治的圧力を克服するには、そうした利害関係者とは独立した財政評価機関を設置することが有効です。

さらに、財政の効率化をさまざまな分野で機能させることも必要です。なかでも、政府間財政におけるソフトな予算制約の弊害をなくして、中央政府から地方政府への補助金を効率化し、財政規律に見合ったハードな予算制約を実現すべきです。コロナ対応で巨額の補正予算が何度も編成され、地方への補助金も巨大化しました。非常時に追加的な財政支援が必要なことは確かですが、問題はその規模が大きくなりすぎることです。これを是正するには、事後的に補助金をいくらでも与えるのではなく、事前に決まったしくみで必要最小限の支援を地方政府に給付するように、政府間財政のあり方を抜本的に見直すべきでしょう。

最後に、消費増税や社会保障給付の効率化などの財政健全化では、短期的に弱者が損失を被ることにも留意すべきでしょう。これは財政健全化の負の側面です。この難題に対処するには、真の弱者を特定できる体制を構築し、彼らにきちんと手当を給付することが、財政健全化を進めるうえで有効になるでしょう。その際に、所得制限なしで国民すべてに広く薄くばらまくのではなくて、真の弱者のみを対象とし、かつ、彼らのやる気を促す誘因を持たせることが重要でしょう。

6　関連する分野と財政学・公共経済学

(1)　政治経済学

最後の第6節では、財政学や公共経済学と関連する分野で注目される潮流について、簡単にお話ししたいと思います。まず二〇〇〇年代に入ると、財政学と関連する分野でも経済学の他の分野と同様に、政治経済学の手法が盛んになってきました。政府が失敗するかもしれないという立場で、政府の財政運営に関する意思決定について政治的な要因を明示的に考慮して分析するものです。実はこうした視点では、公共経済学、財政学でも古くから政治経済学的な研究がありました。Public Choice（公共選択）という分野です。なかでも、Buchanan がこの分野での貢献を評価されて一九八六年にノーベル賞を取りました。正統派財政学の大家であった Musgrave はノーベル賞を取れなかったので、その意味でも Buchanan の受賞は賞賛されるべきものです。

ただし、Buchanan の受賞には主流派経済学者のなかでは批判する人も多く、それへの対抗もあってか、Public Choice はある意味で Buchanan を中心とした閉鎖的なサークルにとどまっていました。それが財政学の分野でも、二〇〇〇年代になってからは Public Choice よりはもっと広い形で、すなわち、政治経済学の枠組みでゲーム理論の応用分野として、政府の財政行動を分析する試みが盛んになってきています。例えば、Public Choice という学術ジャーナルは公共選択論では基幹的な雑誌で、一九六六年の発刊当初から Buchanan を意識した論文の掲載が中心でした。が、最近ではほかの学術ジャーナルと同じような形で、幅広い政治経済学の分野の論文も載せるようになってきました。私も Yang 教授との共著論文 Ihori and Yang（2012）をこの雑誌に公刊しています。それだけ、財政学と関連する政治経済学の範囲は公共選択論の枠を超えて広くなったと思います。

（2）金融との関連

最後に、二〇〇〇年代に入って財政学あるいは公共経済学の大きな流れの一つが、金融政策との関連です。一番代表的なものは、「物価の財政理論」（Fiscal Theory of the Price Level）です。この財政理論は二〇〇〇年代から注目されるようになってきました。代表的な文献としてCochrane（2023）があります。この理論は、政府の予算制約式に焦点を当てます。すなわち、基本的に将来の基礎的財政収支の黒字幅（の現在価値）が現在の実質公債残高に等しくないと財政は破綻します。物価の財政理論は、財政状況が悪くなると、それを相殺するように物価が調整されて、実質公債残高が変化することで均衡が保たれるという議論です。ただ、理論的にそうなる可能性はあり得るとしても、実際の経済を対象として物価変動をこの理論で説明できるのかは、かなり問題でしょう。

最近、BarroとBianchiが書いた論文Barro and Bianchi（2023）では、物価の財政理論の立場で二〇二〇年のコロナ危機以降のインフレを検討しています。二〇二〇年代に入って、ヨーロッパ、アメリカ、日本も含めてインフレ率が上昇しました。そのときに各国は財政的な支援を大規模に実施しました。政府支出を増やしたり、減税したりして、財政赤字も増大しました。それがインフレにどう影響したのかを検証しています。この論文ではインフレの半分以上は物価の財政理論で説明できるという結果です。興味ある人はご覧ください。

それから、最後に言及する論文は、「What about Japan?」というタイトルの論文、Chien, Cole and Lustig（2023）です。この論文は日本での異次元の金融緩和政策と財政の持続可能性を検討しています。

中央銀行のマイナス金利政策で金利を抑制しているのは、金融抑圧と呼ばれています。こうした事態が財政の持続可能性にどう影響があるのか、また、各世代の経済厚生にどう影響するのかを、日銀も統合した政府のバランスシートに注目して分析しています。面白いのは、この論文の著者が財政学者ではなくて、ファイナンス分野の学者という点です。ファイナンスの研究者が日本の国債発行、あるいは日銀と政府の統合政府論や国債の満期構成の違いなどに注目して、興味ある議論をしています。

二一世紀に入ってここ二〇年ぐらい財政学、公共経済学では金融的な側面も非常に重要なトピックになりつつあります。これから活躍される若い研究者の皆さんは財政の伝統的な分野に拘ることなく、金融面も含めた領域で幅広い研究を活発にしていただきたいと思います。

以上で私の話は終わりにしたいと思います。

参考文献

亀田啓悟（二〇〇九）「日本における非ケインズ効果の発生可能性」井堀利宏編『バブル／デフレ期の日本経済と経済政策　第五巻 財政政策と社会保障』第三章、企画・監修：内閣府経済社会総合研究所。

三平剛（二〇二二）「乗数効果の低下の要因について」『フィナンシャル・レビュー』一四四、一二一―一五五。

Afonso, A., Alves, J., and Jalles, J. T.（2022）, "The（non-）Keynesian Effects of Fiscal Austerity: New

Evidence from a Large Sample," *Economic Systems*, 46 (2), 100981.

Barro, R. J., and Bianchi, F. (2023), "Fiscal Influences on Inflation in OECD Countries, 2020–2022," *NBER* working paper 31838.

Batina R. G., and Ihori, T. (2024), "On the Ricardian Equivalence Theorem in the Presence of Banks and a Reserve Requirement," *Public Finance Review*, 52 (4), 539–560.

Bergstrom, T., Blume, L., and Varian, H. (1986), "On the Private Provision of Public Goods," *Journal of Public Economics*, 29 (1), 25–49.

Chien, Y. L., Cole, H. L., and Lustig, H. (2023), "What about Japan?," *NBER* working paper 31850.

Cochrane, J. H. (2023), *The Fiscal Theory of the Price Level*, Princeton University Press.

Diamond, P. (1998), "Optimal Income Taxation: An Example with a U-Shaped Pattern of Optimal Marginal Tax Rates," *American Economic Review*, 88 (1), 83–95.

Diamond, P., and Saez, E. (2011), "The Case for a Progressive Tax: From Basic Research to Policy Recommendations," *Journal of Economic Perspectives*, 25 (4), 165–190.

Fernández, A., Guzman, D., Lama, R. E., and Vegh, C. A. (2021), "Procyclical Fiscal Policy and Asset Market Incompleteness," *NBER* working paper 29149.

Frankel, J. A., Vegh, C. A., and Vuletin, G. (2013), "On Graduation from Fiscal Procyclicality," *Journal of Development Economics*, 100 (1), 32–47.

Guvenen, F., Kambourov, G., Kuruscu, B., Ocampo, S., and Chen, D. (2023), "Use It or Lose It: Efficiency and Redistributional Effects of Wealth Taxation," *The Quarterly Journal of Economics*, 138 (2), 835–894.

Heathcote, J., Storesletten, K., and Violante, G. L. (2020), "How should Tax Progressivity Respond to Rising

Income Inequality?," *NBER*, working paper 28006.
Ihori, T. (2001), "Wealth Taxation and Economic Growth," *Journal of Public Economics*, 79 (1), 129–148.
Ihori, T. (2006), "Fiscal Policy and Fiscal Reconstruction in Japan," *Journal of International Tax and Public Finance*, 13 (4), 489–508.
Ihori, T. (2011), "Fiscal Structural Reform and Economic Activity: Public Spending and Private Effort," *Japanese Economic Review*, 62, 1–24.
Ihori, T. (2014), "Commitment, Deficit Ceiling, and Fiscal Privilege," *FinanzArchiv/Public Finance Analysis*, 70 (4), 511–526.
Ihori, T., and Itaya, J. (2002), "A Dynamic Model of Fiscal Reconstruction," *European Journal of Political Economy*, 17, 1057-1097.
Ihori, T., McGuire, M., and Nakagawa S. (2014), "International Security, Multiple Public Good Provisions, and the Exploitation Hypothesis," *Defence and Peace Economics*, 25 (3), 213–229.
Ihori, T., McGuire, M., and Nakagawa, S. (2019), *International Governance and Risk Management*, Springer.
Ihori, T., and Kameda, K. (2018), *Countercyclical Fiscal Policy*, Springer.
Ihori, T., and Yang, C. C. (2012), "Laffer Paradox, Leviathan, and Political Contest," *Public Choice*, 151, 137–148.
Mirrlees, J.. (1971), "An Exploration in the Theory of Optimal Income Taxation," *Review of Economic Studies*, 38 (2), 175–208.
Musgrave, R. A. (1959), *The Theory of Public Finance: A Study in Public Economy*, McGraw-Hill.　大阪大学財政研究会訳（一九六一）『財政理論――公共経済の研究（一―三）』有斐閣。
Nakagawa, S., Ihori, T., and McGuire, M. (2023), Economic Theory, in *Research Handbook on NATO*,

Edward Elgar, edited by Mayer, S., 52–68.

Piketty, T. (2013), *Capital in the Twenty-First Century*, The Belknap Press of Harvard University Press.

Sadka, E. (1976), "On Income Distribution, Incentives Effects and Optimal Income Taxation," *Review of Economic Studies*, 43 (2), 261–267.

Saez, E. (2001), "Using Elasticities to Derive Optimal Income Tax Rates," *Review of Economics Studies*, 68 (1), 205–229.

Samuelson, P. A. (1954), "The Theory of Public Expenditure," *Review of Economics and Statistics*, 36, 386–389.

Seade, J. K. (1977), "On the Shape of Optimal Tax Schedules," *Journal of Public Economics*, 7 (2), 203–235.

Sheremirov. V., and Spirovska, S. (2022), "Fiscal Multipliers in Advanced and Developing Countries: Evidence from Military Spending," *Journal of Public Economics*, 208, 104631.

Wildasin,D. (2021), "Open Economy Public Finance," *National Tax Journal*, 74 (2), 467–490.

第2章

厚生経済学と政策評価

岩本　康志
（東京大学大学院経済学研究科教授）

1　はじめに

関西公共経済学研究会20周年おめでとうございます。発起人の一人として当時を思い起こすと、まず発足は二〇〇一年なので実は今年（二〇二三年）で22周年になりました。どうも私が関西を離れてから20周年をお祝いしているようです。冗談はさておき、この研究会発足時の事情を知る者から、当時の経緯を少しだけお話しします。当時の関西の財政学は大学間の研究者の交流は少なく、大学で仕切られたような状況でした。研究会発足の契機は、二〇〇〇年に淡路夢舞台が開業し、赤井伸郎先生が興味を持たれたことです。赤井先生は二〇一二年に日本財政学会大会を同地で開催されましたが、二〇〇一年二月にも関東の財政学研究者による研究会である「財政班」の会議を同地で開催して、関西の研究者にも参加を呼びかけました。私もこの会議に参加したのですが、関東には大学の垣根を越えた研究会があることがうらやましく思え、関西にもそのような研究会ができないかと思って作ったのが関西公共経済学研究会になります。特定の大学系ではない研究会とすることが目的だったので、まず六つの大学の先生に発起人として名を連ねていただくようにお願いしました。当時の所属を添えると、赤井伸郎（神戸商科大学）、岩本康志（京都大学）、玉岡雅之（神戸大学）、常木淳（大阪大学）、林宜嗣（関西学院大学）、日高政浩（大阪学院大学）です（五十音順・敬称略）。そして、広く研究会への参加をお誘いしたところ、多くの研究者に趣旨に賛同していただいて、オール関西の研究会として出発でき、また現在まで続いていることは、発起人の一人として大変うれしい限りです。

前置きはこれくらいにして、私からは政策の規範分析の最近の理論的展開と我が国の政策評価の実践の課題を展望する内容をお話ししたいと思います。内容は、私の大学院での授業「財政理論」の抜粋になりますが、以下の三つの節から構成されます。第2節では、政策の規範分析のさまざまな話題をできるだけ統一的なモデル設定のもとで説明し、現在の重要な概念である「公的資金の限界費用」「公的資金の限界価値」がどのような意義を持つのかを示します。これを基本設定として、政策の厚生効果を評価する式を導き、「十分統計量アプローチ」に沿うものとなっていることをみます。第3節では、基本設定の展開と社会的厚生Wを政策パラメータθの関数とする。

1. 大きな政策変化
   2つの選択肢、θ^0、θ^1のどちらが良いか？
   $W(\theta^1) - W(\theta^0)$は正か、負か？
2. 小さな政策変化
   $\frac{dW}{d\theta}$は正か、負か？
3. 最適な政策

$$\frac{dW}{d\theta} = 0$$

図１　厚生評価の方法

して、政策分野ごとの分析手法の適用、因果推論との関係、所得分配の考慮、行動経済学的側面の考慮の話題を取り上げます。第４節では、厚生経済学に即した政策評価が我が国でどれだけ実践されているのかをみます。

２　モデル分析

（１）基本設定

政策の選択を考えます。図１のように数式で表現すると、政策パラメータθによって社会的厚生Wが決められるとして、簡単な選択の例としては、政策の選択肢θ^0とθ^1でどちらの社会的厚生が高いかをみようとするものです。このときの政策の選択肢は、現状取られている政策とそれを改革する案である場合もあるし、現状からの二つの代替案を比較する場合もあります。二つの選択肢の比較は政策パラメータの有限の変化（差分）と解釈でき、「大きな政策変化」と呼ぶことができます。一方で、選択肢の差がわずかな場合を、社会的厚生の政策パラメータによる微分で考えることができます。社会的厚生が改善するか、悪化するかを、数学的に微分が正であるか、負であるかをみようとするものです。これを「小さな政策変更」と呼ぶことにします。厚生の変化を評価する式は、小さな政策変更のほうが簡単になります。ここでの理論的な展開も、小さな政策変更を中心的に扱います。政策への応用例には、租税改革があります。

さらに、最適な政策を考える場合には、小さな政策変更によって厚生が変化しない条件（微分を0と置く）として特徴づけることができます。これも小さな政策変更を考える利点となります。政策への応用例としては、最適課税や最適な公共財の水準（Samuelson 1954）があります。

経済には、J個の公共財、I個の私的財があり、H人の個人（消費者）がいると想定します。基本的なモデルは、Slemrod and Yitzhaki（2001）のモデルを簡略化して、社会的厚生関数と政府の純支出関数（支出から収入を控除したもの）の二つの式で表すようにしたものです。

まず個人の異質性を捨象して、代表的個人の存在するモデルを考えましょう。このとき、社会的厚生関数の代わりに間接効用関数を用いることにします（図2）。公共財と私的財の価格ベクトルをそれぞれP、p、個人の所得をm、政府から個人への定額給付をbとします。

政府は公共財ベクトルGへの支出と定額給付の財源調達のため、私的財に税率ベクトルtの従量税を課すものとします。ここでの公共財は、単に政府がその財に支出することによって公共サービスが提供されるものを幅広く指しています。必ずしも非競合性と非排除性を持つ財に限定されず、何らかの理由によって政府が私的財に支出することでも構いません。ここでは公共財の固有な性質に言及しないので、便宜的

代表的個人の間接効用関数

$$v(G_1,\ldots,G_J,p_1,\ldots,p_I,m+b) \equiv \max_{x_1,\ldots,x_I}\{u(G_1,\ldots,G_J,x_1,\ldots,x_I) \mid \sum_i p_i x_i = m+b\}$$

公共財G、私的財の価格p、所得m、定額補助金b

政府の純支出関数

$$E = G - T = \sum_j P_j G_j - \left(\sum_i t_i x_i - b\right)$$

予算制約式は$E = 0$

収入関数

$$T\left(t_1,\ldots,t_I,b,x_1(G_1,\ldots,G_J,1+t_1,\ldots,1+t_I,m+b),\ldots,x_I(G_1,\ldots,G_J,1+t_1,\ldots,1+t_I,m+b)\right) \equiv \sum_i t_i x_i(G_1,\ldots,G_J,1+t_1,\ldots,1+t_I,m) - b$$

図２　基本設定

に公共財と呼んでいると解釈してください。

私的財と公共財は収穫一定の生産技術で生産され、生産者利潤は存在しないものとします。生産費用（価格）をそれぞれP、１とします。私的財の課税前価格は分析では本質的ではないので、１に基準化しています。消費者の直面する価格pは、課税後価格となります。政策変数は、G、t、bとなります。

政策変数が間接効用関数に与える影響は、図３の(1)式のようにまとめられます。間接効用関数では、公共財の変化については、間接効用関数が公共財の量の関数であるとして、公共財の限界効用を評価して、これを所得の限界効用で除して、貨幣価値化します。これは、公共財の支払意思額（ＷＴＰ）となります。税率の変化は、価格の変化を通した影響となりますが、価格の限界効用を所得の限界効用で除したものは、ロアの恒等式によって、私的財の需要量で表すことができます。ここで、厚生評価にロアの恒等式が必要なことがわかりますが、個人の行動が合理的でない場合（それは政策が

政策変更の厚生効果の貨幣価値

$$\frac{dv}{\lambda}=\sum_j \frac{\partial v/\partial G_j}{\lambda}dG_j+\sum_i \frac{\partial v/\partial p_i}{\lambda}dt_i+\frac{\partial v/\partial m}{\lambda}db$$

$$=\sum_j WTP_j dG_j-\sum_i x_i dt_i+db \qquad (1)$$

所得の限界効用　$\lambda\equiv\frac{\partial v}{\partial m}$

公共財 j の支払意思額　$WTP_j\equiv\frac{\partial v/\partial G_j}{\lambda}$

ロアの恒等式　$\frac{\partial v/\partial p_j}{\partial v/\partial m}=-x_i$

政策変更の予算効果

$$dE=\sum_j\left(P_j-\frac{dT}{dG_j}\right)dG_j-\sum_i \frac{dT}{dt_i}dt_i+\frac{dT}{db}db \qquad (2)$$

予算中立的な政策変更

$$\frac{dE}{d\theta}=\sum_j\left(P_j-\frac{dT}{dG_j}\right)\frac{dG_j}{d\theta}-\sum_i \frac{dT}{dt_i}\frac{dt_i}{d\theta}+\frac{dT}{db}\frac{db}{d\theta}=0 \qquad (3)$$

図３　政策変更の影響

必要な重要な理由の一つにもなります）、ロアの恒等式がどのようになるかを後でみていきます。

政策変数が純支出関数に与える影響は、図３の(2)式のようにまとめられます。

(2) 双対問題としての新厚生経済学

ここで、二種類の政策問題を考えることができます。（1）政府の予算制約を満たしながら政策パラメータを変化させ、社会的厚生の影響を評価する（2）社会的厚生を変化させないで政策パラメータを変化させ、政府予算（または社会で利用できる資源と考えることもできる）への影響を評価する

前者は、予算中立的な政策の厚生効果といえます。ここでは、この問題設定に基づく分析を紹介していきます。後者は、その双対問題と考えられるものであり、厚生中立的な政策の予算効果といえます。これは補償原理によって構築された新厚生経済学の問題意識

を定式化したもので、限界超過負担、費用便益分析はこちらの範疇に含まれます。実際の政策評価では費用便益分析が用いられますが、評価手法の理論的基礎は前者の問題とは本質的な違いがあります。ただし、実用されている費用便益分析では、判断が合理性を満たす（シトフスキーのパラドックスを避ける）ような仮定が置かれていて、暗黙に想定される社会的厚生関数を構成することができます。このため、前者の問題とも整合的になっています。

（3）予算中立的な政策変更

純支出関数を予算制約式としないのは、まずはそれぞれの政策変数が独立に動き、予算制約式を満たさない変化を考えたいからです。実際の政策では二つ以上の政策変数が動き、政府の予算制約を満たす必要があります。そのような政策を表現するために、政策変数とは別の政策パラメータであるスカラーθを導入することにします。政策パラメータθが変化すると、複数の政策変数が変化すると考えることにします。予算制約式を満たす政策変更（予算中立的な政策変更）は、図３の(3)式で表されます。θが０のときは、何も政策がとられない、政府の活動がない状態と想定します。

(3)式では、すべての政策変数に関する変化を表現しましたが、ごく一部の変数の変化を考えると、厚生の変化を評価することが可能となり、示唆を与える命題を得ることができます。そこで、政府の予算制約を満たしながら二つの政策変数が変化するとしましょう。このときの社会的厚生の変化は、純支出を増やす一つの政策変数の変化の厚生の影響と、純支出を同額だけ減らすもう一つの政策変数の変化の影響の和で表すことができます。

予算中立的に政策を変化させることには、消費者が予算制約式を満たしながら消費を選択しているときと同様の原理が働いています。消費者行動の理論では、ある財に追加的に一ドル使ったときの効用の増加が均等化するように消費財を選択するのですが、ここでも同様に、政府の予算を追加的に一ドル使ったときの社会厚生の増加を均等化することで社会的厚生を最大化する、あるいは均等化する方向に動かすことで社会厚生を改善することができる、と考えます。そこで、ある政策変数が変化したときの厚生変化と純支出の変化の比が重要となります。政策変数が税率のとき、これはSlemrod and Yitzhaki（2001）による「公的資金の限界費用」（marginal cost of public funds: MCF）となり、政策変数が公共財のとき、Hendren and Sprung-Keyser（2020）による「公的資金の限界価値」（marginal value of public funds: MVPF）で表されます。具体的な計算式は、図４の⑷式と⑸式のようになります。

小さな政策変化での典型的な政策として、ある公共財jの提供を増加させて、その財源を私的財iへの従量税によって調達することを考えてみましょう。これによって、厚生が改善するのは、公共財jのＭＶＰＦが私的財iへの課税のＭＣＦを上回ることです。つまり、一ドルの支出による厚生の上昇が一ドルの収入を得ることの厚生の下落を上回ることです。最適な政策の条件は、公共財jのＭＶＰＦと私的財iへの課税のＭＣＦが等しくなることです。

もう一つの政策として、ある公共財iの提供を増加させて、その財源を他の公共財jの提供を減少させることで調達する方法です。予算編成の手法としては、pay-as-you-goと呼ばれるものです。この場合、

公的資金の限界費用（MCF）

$$\mathrm{MCF}_i \equiv \frac{1}{\lambda}\frac{dv/dt_i}{dE/dt_i} = \frac{\frac{\partial v/\partial p_i}{\lambda}}{-\frac{dT}{dt_i}} = \frac{x_i}{\frac{dT}{dt_i}} \tag{4}$$

公的資金の限界価値（MVPF）

$$\mathrm{MVPF}_j \equiv \frac{1}{\lambda}\frac{dv/dG_j}{dE/dG_j} = \frac{\frac{\partial v/\partial G_j}{\lambda}}{P_j - \frac{dT}{dG_j}} = \frac{WTP_j}{P_j - \frac{dT}{dG_j}} \tag{5}$$

税率変更の収入への影響

$$\frac{dT}{dt_i} = x_i + \sum_k t_k \frac{\partial x_k}{\partial p_i} \tag{6}$$

機械的効果　$\frac{\partial T}{\partial t_i} = x_i$

行動変化効果（財政外部性）　$\frac{dT}{dt_i} - \frac{\partial T}{\partial t_i}$

図4　公的資金の限界費用と限界価値

公共財iのＭＶＰＦが公共財jのＭＶＰＦを上回れば厚生が改善します。つまり、一ドルの支出による厚生の増加が一ドルの支出減による厚生の低下を上回ることです。最適な政策の条件は二つのＭＶＰＦが等しくなることです。

租税理論での関心が超過負担から公的資金の限界費用に移ったのは、ここまで示したように、厚生評価としてすっきりした形を持つという理論的な理由のほかに、政策の実践でも使いやすいという理由があります。これは、政府のなかで作業が分業できるという利点です。租税当局が、ＭＣＦを分析して、その値を計測する。そして、支出省庁あるいは予算当局がＭＶＰＦを評価して、予算当局が両者の情報を合わせて判断していく。こうして、政府での予算編成（資源配分）は、担当部署が分業していて、意思決定に対して必要な情報を提供するという考え方になります。

ＭＣＦの実践については、Dahlby（2008）が包括的に扱っていて、さまざまなケースの計算をしています。具体的には、物品税、労働所得税、資本所得税、公的部門の借入、地方財政です。

（4）十分統計量アプローチ

厚生を評価する式は、Chetty（2009）の提唱した十分統計量アプローチの一例になります。十分統計量アプローチとは、厚生評価のための式をモデルから少数のパラメータで構成されたものとして導出するという構造型アプローチをとり、そのパラメータが十分統計量と呼ばれ、実験・準実験計画に基づく誘導型アプローチでそれを推定します。

実例として、従量税の公的資金の限界費用を取り上げると、図4の⑷式に⑹式を代入して、整理すると図5の⑺式のようになります。この分母の項は二つに分かれます。最初の項は、機械的効果（mechanical effect）であり、需要の変化を考えずに税率の変化から生じる税収の変化を表します。第二の項は、その税率の変化に応じてすべての財の需要が変化することから生じる税収の変化を指し、最近では財政外部性（fiscal externality）と呼ばれています。従来の研究では中央政府と地方政府の間で片方の政策変化でもう片方の財政収支が影響を受けることを財政外部性と呼んでいましたが、それとは違う意味で使っており、混乱しかねないのが玉に瑕です。

現代の税制では所得税が基幹税とされていることから、労働所得税の公的資金の限界費用を考えてみましょう。この場合、余暇を消費財と定式化するので、物品税と少し式の扱いが異なりますが、労働供給の賃金弾力性が現れる式が導かれます。税制の実証分析では、このパラメータは課税所得の弾力性

公的資金の限界費用

$$\mathrm{MCF}_i = \frac{x_i}{x_i + \sum_k t_k \frac{\partial x_k}{\partial p_i}} = \frac{1}{1 + \sum_k \frac{t_k}{x_i}\frac{\partial x_k}{\partial p_i}} \tag{7}$$

分母の変形

$$\begin{aligned}\frac{1}{x_i}\sum_k t_k \frac{\partial x_k}{\partial p_i} &= \frac{1}{x_i}\sum_k t_k\left(\frac{\partial h_k}{\partial p_i} - x_i\frac{\partial x_k}{\partial m}\right) = \sum_k \frac{t_k}{x_i}\frac{\partial h_i}{\partial p_k} - \sum_k t_k \frac{\partial x_k}{\partial m}\\ &= \sum_k \frac{t_k}{x_i}\left(\frac{\partial x_i}{\partial p_k} + x_k\frac{\partial x_i}{\partial m}\right) - \frac{\partial T}{\partial m}\\ &= \sum_k \frac{t_k}{p_k}\left(\frac{p_k}{x_i}\frac{\partial x_i}{\partial p_k}\right) + \frac{T}{m}\left(\frac{m}{x_i}\frac{\partial x_i}{\partial m}\right) - \frac{T}{m}\left(\frac{m}{T}\frac{\partial T}{\partial m}\right) \qquad (8)\end{aligned}$$

図5　公的資金の限界費用

(elasticity of taxable income: ETI）と呼ばれ、Feldstein（1995）をはじめ、多数の研究の蓄積があります。この場合、課税所得の弾力性が厚生評価の十分統計量に相当するパラメータとなります。

一般的には(7)式のように、すべての財の需要の価格弾力性が関係します。(7)式をさらに変形して、税率に対する需要の変化をスルツキー方程式を使って、補償需要の変化と所得効果の項に分解します。そして、補償需要の対称性の性質を用いて、財iの税率の財jの需要への影響を財jの税率の財iの需要への影響に置き換えます。その後、またスルツキー方程式を用いて、補償需要の変化を通常の需要の変化と所得効果に置き換えます。こうして得られた(8)式は、所得効果を示す二つの項が加わって、変化前よりも煩雑な式になっています。なぜこのようなことをするかというと、変形後の式が実践では使いやすいからです。実践では、需要の価格弾性値と所得弾性値に関する実証分析を自身で行うか、既存研究の数値を用いるかして、式を評価します。

揮発油税を例にとって考えてみましょう。変形前の式では、すべての財のガソリン価格についての弾性値が現れています。現実的にはすべての財を評価することは不可能ですので、関係がありそうな財に限って、弾性値を評価することになります。実証研究の通常の流儀は、ある財の需要を研究対象にして、それと関係しそうな財の価格を需要関数の説明変数に用いるため、数多くの研究を参照しなければいけません。変形後の式では、ガソリンのすべての財の価格についての弾性値が現れています。この場合、ガソリン需要の実証研究を調べることで足りそうです。つまり、変形後の式のほうが実証研究と相性が良くて、実践しやすくなっています。変形後の式で追加された二項ですが、一つはガソリン需要の所得弾力性なので、ガソリン需要の実証研究で価格弾力性と一緒に推定されていることが期待でき、文献調査の手間は大して増えません。もう一項は、ガソリン価格の変化に対する総税収の変化ですが、税収をマクロ的に分析する研究での蓄積を利用できます。このような意味で、変形後の式は複雑になっているようで、実は扱いやすくなっています。

さて、ここでの式の変形ではスルツキー行列（補償需要の価格に対する変化）の対称性を用いていました。これは需要を積分すると厚生についての何らかの合理的な指標が得られるという条件であり、「積分可能性条件」と呼ばれる性質です。これが、需要が必ずしも合理的行動から導かれていない場合でも同様にうまくいくのか？　この問題は後で考えます。

3　厚生評価の展開

（1）公的資金の限界価値

Hendren and Sprung-Keyser（2020）は、さまざまな政策のＭＶＰＦを包括的に推計した論文で、一〇〇ページを超える大部なものです。そして、ＭＶＰＦの推定値をまとめたPolicy Impacts（https://www.policyimpacts.org）というサイトを作っています。Hendren and Sprung-Keyser (2020) は、ＭＣＦもＭＶＰＦであるとの考え方をとっているため、政策分野をほぼ包括的に扱うことになります。

厚生評価の対象とする政策分野を、分析手法に応じて私なりに大きくまとめると、租税、社会資本、社会サービス、社会保険、規制の五つに類型化されます。租税では、Mirrlees（1971）にはじまる最適非線形所得税を扱うには、前節の基本設定を少し変更したモデルが使われます。社会資本と社会サービスは、おおむね基本設定での分析が可能です。社会資本は、国民経済計算の概念上は集合消費支出と呼ばれ、概念的には純粋公共財が念頭にあります。次に、社会サービスは、個別消費支出と呼ばれ、概念的には私的財に相当します。また、公的に提供される私的財もこれに含まれます。

社会保険は前節のモデルではその機能をうまく表現できません。モデルを社会保険の評価に適した形に特定化することで、基本設定の精神に基づいた分析を行うことができますが、この種類のモデルはChetty and Finkelstein（2013）、Chetty and Saez（2010）で解説されています。

規制については、経済主体の誘因に影響を与えて政府の望む行動を誘導する間接規制は、税・補助金の分析手法を適用することができます。経済主体の行動（消費量・生産量）を直接制限する直接規制は、その消費量・生産量を実現するような税・補助金と、規制では金銭の移転が生じないことから、消費者と生産者との間の所得移転を組み合わせて表現することが可能です。ただし、その方向の分析はまだ十分に展開されていないように思われます。規制の政策評価は規制影響評価（regulatory impact analysis: RIA）と呼ばれ、経済協力開発機構（ＯＥＣＤ）が加盟国の評価の実態を比較していますが、政策評価の実践でも国際的にみて、日本は見劣りのするところです。日本の学界としても課題と認識すべきことですが、規制の専門分野は産業組織論になることが、少しの障害になるかもしれません。

（２）厚生評価と因果推論

公共サービスの価値（支払意思額）を推定する方法はさまざまありますが、費用便益分析の代表的な教科書である Boardman et al.(2018) にある七つの推計手法を、アウトカム指標をどのように扱うかによって分類して説明します。

第一のグループは、アウトカム指標を用いないもので、観察された公共サービスの需要を直接用いる手法である旅行費用法（travel cost method）、公共サービスに類似する私的財の需要を用いる市場類似法（market analog method）です。第二のグループは、アウトカム指標を用いるもので、アウトカムの価値をアウトカムと関連の深い私的財の消費行動から推測します。これには、トレードオフ法（trade-off method）と防御支出法（defensive expenditure method）があります。第三のグループは、アウトカム指標が最初から貨幣価値化されたもので、中間財法（intermediate good method）、資産評価法（asset valuation method）、ヘドニック価格法（hedonic price method）があります。

政策変数のアウトカムへの影響を考えることは、プログラム評価の分類ではインパクト評価に相当します。そして、計量経済学での手法の研究は「プログラム評価の計量経済学」と呼ばれ、統計学での手法としてはご存じのとおり「因果推論」と呼ばれています。

厚生評価と因果推論の関係について、歴史的視点からみてみましょう。因果推論が強調されるようになったのは最近で、ここで厚生評価の基本モデルとしたSlemrod and Yitzhaki（2001）の時代では、現在ほど因果推論が強調されていませんでした。その後の因果推論の進歩は経済学の進歩といえますが、昔の経済学者は不注意にも因果関係にさほど関心を持たなかったわけでもないことを弁護しておきます。というのは、昔の公共サービスは夜警国家という言葉が表すように、集合的サービスが中心となっていました。このもとでは、現代の因果推論の研究水準で必要となる対照群の設定が難しくなります。極端な言い方をすると、非排除性を持つ公共財は、そのサービスの享受から排除できないので、本質的に対照群が設定できません。夜警国家から福祉国家へと、公共サービスの比重が個人サービス（先の四分類では社会サービスに対応）に変化することで、対照群を設定できる研究対象が増えてきたという、政府の役割の大きな変化が因果推論の発展とも関係づけられるとも考えられます。

また面白いことに、厚生評価の実践で使用される因果推論は、いま説明したところのアウトカム指標とは別のところに現れるということを、Finkelstein and Hendren（2020）が指摘しています。社会サービスが因果推論の活躍する分野ということになりますが、実は多くの社会サービスは定額補助金として働きます。職業訓練を例にとると、職業訓練プログラムに一定額の金銭的補助をすることで個人がプログラムを受講する誘因を与えるというのが、典型的な施策になります。そうすると、定額補助金は基本設定での *b* であり、ＭＶＰＦの評価式の分子は一になりますが、分母の財政外部性の項において、定額補助金の税収に影響を与える部分が唯一の影響を持ちます。職業訓練プログラムでは、所得が上がって、所得税収が増えることが財政外部性となります。

この財政外部性を通しての効果がＭＶＰＦの主要項目となることから、子供を含む若年者への支援策は生涯所得増加の影響が大きいため、ＭＶＰＦが高くなります。日本でも、子育て・教育への支援が重要との指摘の根拠として用いられています。

（3）社会的厚生関数

社会的厚生関数は個人の効用の関数として表現されますが、効用の値は一意に決まりません。所得増の厚生効果を考えると、所得が限界的に増えたときの社会的厚生の増加は、個人所得の限界効用と個人の効用の限界社会的厚生の積で表されます。効用が序数的だと、この分解は一意には決まらず、積が一意に決まります。ここでは、効用の値として、貨幣価値化された間接効用関数（money metric indirect utility function）を用いることにします。代表的個人の場合にはそのまま貨幣価値として用いることができるこ

貨幣価値化された間接効用関数

$$\mu\left(G,p,m+b|p^{ref}\right) \equiv e\left(G,p^{ref},v(p,m+b)\right)$$

支出関数　$e(G,p,u) \equiv \min_x\{px|u(G,x)=u\}$

社会的厚生関数

$$W(\mu_1,\dots,\mu_H)$$

政策変数の厚生効果

$$dW = \sum_h \frac{\partial W}{\partial \mu_h}\left(\sum_j \frac{\partial e_h}{\partial G_j}dG_j + \sum_i \frac{\partial e_h}{\partial p_i}dt_i + \frac{\partial e_h}{\partial m_h}db\right)$$

$$= \sum_h g_h\left(\sum_j WTP_j^h dG_j - \sum_i x_i^h dt_i + db\right) \tag{9}$$

社会的厚生関数を

$$W \equiv \sum_h g_h(\cdot)\mu_h$$

と定義できる。

社会的ウエイト　$g_h \equiv \frac{\partial W}{\partial \mu_h}$

図６　社会的厚生関数

とが利点です。また、異質な個人が存在する場合には、基本設定の式の素直な延長として評価式が求められることも利点です。

政策変数の変化による社会的厚生の反応は、図６の(9)式のように表すことができます。個人の反応の加重和となりますが、加重和のウエイトは、貨幣価値化された効用の限界社会的厚生ですが、これを「社会的ウエイト」(social weight) と呼ぶことにします。Saez and Stantcheva (2016) は、社会的ウエイトを発展させた議論を行っています。

厚生評価式には社会的ウエイトが現れるため、個人の支払意思額や需要を単純合計するのではなく、加重和しなければいけません。この加重和と単純和の比は「分配特性」(distributional characteristic) と呼ばれ、支払意思額や需要の単純和を正しい値に変換する係数となっています。分配特性を用いて、個人の異質性を考慮しない分析結果を補正する式が与えられます。物品税で考えると、ある財の消費総額のなかで高所得者の支出の比重が大きい場合には、分配特性は小さい値となります。これは、その財の消費を増やすことの社会的厚生への貢献が小さくなることを意味します。

分配面の考慮の方法は理論的には明確ですが、実践では考慮されないことがむしろ通例です。これは、消費が高所得者に偏る、あるいは低所得者に偏る、のような事態を真剣に考慮しなければいけないことはまれであること、社会的ウエイトの合意のとれた設定がなく、代表値を示しにくいことが理由として挙げられます。

（4）行動厚生経済学

基本設定に、行動経済学的な要素を加えてみましょう。Farhi and Gabaix（2020）は、合理的な個人を仮定しないで、消費者理論を展開しましたが、それに基づいて厚生評価の方法を説明していきます。

私的財の需要関数は、効用最大化から導かれるものに限らず、単に予算制約式を満たすことだけの条件を与えます。この需要関数を効用関数に代入すると、間接効用関数を定義することができます。ここからロアの恒等式を導くことができます。ロアの恒等式では、価格の限界効用と所得の限界効用の比を計算しますが、この比の分母と分子は一般的な場合にも図7の⑽式のように計算することができます。⑽式第一項は消費財の限界効用と所得の限界効用の比と価格の差ですが、合理的な消費行動では両者は等しいので、この項は消えます。しかし、非合理的な消費行動では、この部分が消えずに残ります。これは、「行動バイアス」（behavioral bias）と呼ぶことができます。こうしてロアの恒等式に、行動バイアスの一項

効用最大化を必ずしも仮定しない需要関数　$x = x^b(p,m)$

予算制約式$\sum_i p_i x_i^b = m$を価格p_iで微分すると、

$$x_i^b + \sum_k p_k \frac{\partial x_k^b}{\partial p_i} = 0$$

間接効用関数　$v(p,m) \equiv u\left(x^b(p,m)\right)$

効用最大化を必ずしも仮定しないロアの恒等式

$$\frac{\partial v/\partial p_i}{\lambda} = \frac{1}{\lambda}\sum_k \frac{\partial u}{\partial x_k}\frac{\partial x_k^b}{\partial p_i} = \sum_k \left(\frac{\partial u/\partial x_k}{\lambda} - p_k\right)\frac{\partial x_k^b}{\partial p_i} + \sum_k p_k \frac{\partial x_k^b}{\partial p_i}$$

$$= \sum_k \left(\frac{\partial u/\partial x_k}{\lambda} - p_k\right)\frac{\partial x_k^b}{\partial p_i} - x_i^b \tag{10}$$

図7　効用最大化を仮定しない場合のロアの恒等式

が加わることになります。すると、ロアの恒等式を用いて、合理的行動で導かれていた各種の分析は、この一項を加えて展開されます。

行動バイアスが消費財への（望ましい選択を攪乱する）補助金として働くと考えると、その補正策として、その消費財への課税が考えられます。これはピグー税と解釈できて、ここでの問題は経済学的には外部性によって生じていると考えられます。外部性は異なる経済主体間に起こりますが、ここで考えている状況は同一の個人のなかで起こっています。このことから、外部性との類似性がわかるように、ここでの問題は「内部性」(internality) とも呼ばれます。

合理的行動のもとで求められた結果に行動バイアスを表す項が加法的に追加されるという説明になりますが、実際にピグー税を求める手段は少し段階を踏んでいく必要がありますが、ここでは割愛します。より詳しい分析は、例えば O'Donoghue and Rabin (2006) にあります。

行動バイアスが存在するもとでの補償需要関数も定義する

ことができて、スルツキー方程式を導くことができます。それは、合理的行動での式とは違う形になります。スルツキー方程式の性質については少しややこしいので詳細はFarhi and Gabaix（2020）に譲ることにしますが、スルツキー行列の対称性は満たされません。したがって、すでに説明した⑽式からの変形は成立しません。

このように、行動バイアスが存在するときの実用的な厚生評価ができる範囲については、今のところ制約があります。厚生評価ができる範囲をどこまで広げていくことができるのか？　行動経済学の重要性への認識が経済学の各分野で高まるなかで、規範分析の手法の高度化は現在の非常に興味深い研究課題です。

4　政策評価の実践

最後に、日本での政策評価の現状をみていきます。日本の政策評価の理論的背景は、行政学の一専門分野である「プログラム評価」（program evaluation）に基づいていると考えられます。Rossi, Lipsey and Henry（2019）が政策評価の実践を体系づけていますが、主要な実践を網羅することが目指されており、やや雑多なものが列挙されているという印象を与えます。大きく、五つの評価手法に分類され、ニーズ評価、セオリー評価、プロセス評価、インパクト評価、効率性評価と呼ばれます。日本の政策評価は、総合評価方式、実績評価方式（現在は目標管理型評価と呼ばれるものに転換）、事業評価方式に三分類されますが、若干強引に対応づけると、総合評価方式はこれらすべて、実績評価はプロセス評価、事業評価はインパクト評価、効率性評価に対応づけられます。経済学的分析との対応は、費用便益分析は効率性評価、政策の因果効果の推定はインパクト評価、政府介入の必要性の議論はニーズ評価とセオリー評価のようになります。プロセス評価は業務に関係するため、経済学的分析からはやや離れた存在です。

前節までで議論した政策の厚生効果の評価が、政策評価制度のなかでどの程度実践できているでしょうか。政策効果を貨幣価値化する、定量的に評価する、定性的に評価するの三段階のうちのどの地点にあるかというと、定量的な評価は不十分で、政策効果の定量的な把握が現在の大きな課題です。

政策評価制度では、総務省が「政策評価の客観的かつ厳格な実施を担保するための評価」（客観性担保評価）を行っています。これは、「評価の評価」と呼ぶことができます。これによって、政策評価の状況はある程度、知ることができます。しかし、状況の定量的情報は十分ではありません。政策評価制度を研究するのは行政学の分野といえますが、定性的な考察ばかりで、この課題に関する定量的な分析を見かけません。つまり、「政策効果が定量的に把握されているか」が定量的に把握されているとは言い難い状況にあります。そこで、岩本（二〇一九）では、定量的な情報を収集して、この問題に対する定量的な評価を試みてみました。評価対象となるのが「評価の評価」なので、拙稿を「評価の評価の評価」と呼んでいます。「くわしくは岩本（二〇一九）を参照していただくこととして、概要をここでご紹介します」とすると、定性的な紹介になってしまいます。肝心な定量的な情報が伝わりにくいので、一部の表をここで引用して、その部分だけは定量的な紹介にしたいと思います。

事業評価は現在、研究開発、公共事業、政府開発援助、規制、租税特別措置が義務づけられており、特定五分野と呼ばれています。それ以外の分野の事業評価は、初期には三〇〇件を超えていましたがずっと減少傾向にあり、拙稿執筆時で直近の二〇一八年度は二二件と少数になっています。多くの事業が政策効果を定量化する枠組みから外れていったという経緯がみられます。特定五分野での定量化の状況を拙稿で引用した会計検査院の調査で見ると、二〇一〇―二〇一四年度について、規制、研究開発では定量化されておらず、租税特別措置では一一〇件中四一件が定量化、政府開発援助（ＯＤＡ）では六三件中五九件が定量化されています。政府開発援助では、ＯＥＣＤの開発援助委員会（ＤＡＣ）が規定するマニュアル・ガイドラインに沿って事業評価が行われており、国際的な慣行に沿って定量化のみならず費用便益分析も採用されています。

このように定量化・貨幣価値化の程度に差があることは、分野によって定量化の難度が違うことも考えられますが、例えば我が国では定量化が進んでいない規制分野は、外国では定量化・貨幣価値化が進んでいる例が多いことから、分野の難度だけで定量化の進展の違いを説明することはできません。

公共事業は費用便益分析が義務づけられていて、各事業分野でマニュアルが整備されています。したがって、政策評価の手法が一番発達しているといえます。しかし、内情を見ると、手放しに喜べるものではありません。拙稿で引用した会計検査院の調査では、公共事業の費用便益分析でどのような手法が使われているかをまとめています。余剰分析が四〇・六％、直接法が一四・八％、代替法が十二・四％、仮想評価法が三・一％、旅行費用法が一・五％、ヘドニック法によるものが〇・四％となっています。余剰分析はさきほどの Boardman et al.（2018）による七つの分類には直接現れませんが、消費者余剰を推計するもので、経済学的に正当な方法です。直接法、代替法も現れなかったものですが、実はこれらは事業の効果を測ったものではなく、正当な手法とは見なされていません。これが、二番目と三番目に来ていて、さらにこれらのほとんどが農林水産省によるもの、かつ農林水産省による評価のほとんどがこの正当でない手法となっています。会計検査院は検査対象に対してさまざまな指摘をするのですが、直接法と代替法が適切なものではないとの指摘はされておらず、学術的には問題である実践が問題と認識されずにまかり通っているという残念な状況になっています。

以上、短時間で欲張りな内容を詰め込んだため駆け足になりましたが、政策評価の実践とそれを支える経済理論の現在の状況への理解を深める助けになりましたら幸いです。

謝辞：本稿の作成にあたっては、ＪＳＰＳ科学研究費補助金（基盤研究Ｃ）21K01522の助成を受けた。ここに記して感謝の意を表したい。

参考文献

岩本康志（2019）「政策効果の定量的把握」『レファレンス』六九（一〇）、一―二八。

Boardman, A. E., Greenberg, D. H. Vining, A. R., and Weimer, D. L. (2018), *Cost-Benefit Analysis: Concepts and Practice*, 5th ed., Cambridge: Cambridge University Press.

Chetty, R. (2009), "Sufficient Statistics for Welfare Analysis: A Bridge Between Structural and Reduced-Form Methods," *Annual Review of Economics*, 1, 451-488.

Chetty, R., and Finkelstein, A. (2013), "Social Insurance: Connecting Theory to Data," in Auerbach, A. J., Chetty, R., Feldstein, M., and Saez, E. eds, *Handbook of Public Economics*, 5, Amsterdam: North Holland, 111-193.

Chetty, R., and Saez, E. (2010), "Optimal Taxation and Social Insurance with Endogenous Private Insurance," *American Economic Journal: Economic Policy*, 2 (2), 85-114.

Dahlby, B. (2008), *The Marginal Cost of Public Funds: Theory and Applications*, Cambridge, MA: MIT Press.

Farhi, E., and Gabaix, X. (2020), "Optimal Taxation with Behavioral Agents," *American Economic Review*, 110 (1), 298-336.

Feldstein, M. (1995), "The Effect of Marginal Tax Rates on Taxable Income: A Panel Study of the 1986 Tax Reform Act," *Journal of Political Economy*, 103 (3), 551-572.

Finkelstein, A., and Hendren, N. (2020), "Welfare Analysis Meets Causal Inference," *Journal of Economic Perspectives*, 34 (4), 146-167.

Hendren, N., and Sprung-Keyser, B. (2020), "A Unified Welfare Analysis of Government Policies," *Quarterly Journal of Economics*, 135 (3), 1209–1318.

Mirrlees, J. A. (1971), "An Exploration in the Theory of Optimal Income Taxation," *Review of Economic Studies*, 38 (2), 175–208.

O'Donoghue, T., and Rabin, M. (2006), "Optimal Sin Taxes," *Journal of Public Economics*, 90 (10–11), 1825–1849.

Rossi, P., Lipsey, M., and Henry, G. T. (2019), *Evaluation: A Systematic Approach*, 8th ed., Los Angeles: SAGE Publications.

Saez, E., and Stantcheva, S. (2016), "Generalized Social Marginal Welfare Weights for Optimal Tax Theory," *American Economic Review*, 106 (1), 24–45.

Samuelson, P. A. (1954), "The Pure Theory of Public Expenditure," *Review of Economics and Statistics*, 36 (4), 387–389.

Slemrod, J., and Yitzhaki, S. (2001), "Integrating Expenditure and Tax Decisions: The Marginal Cost of Funds and the Marginal Benefit of Projects," *National Tax Journal*, 54 (2), 189–201.

第 II 部

公共経済学の実証・理論研究

第3章

地方財政に関する近年の実証分析について

（東京大学大学院経済学研究科教授）
林　正義

1　はじめに

これからお話しすることについては、あらかじめ「公共政策実証分析の流れと今後について」というお題をいただいていました。ただ、「公共政策」と設定してしまうと対象があまりにも広すぎて、さまざまな分野をカバーしなければいけません。この会の趣旨だと公共政策のなかでも「財政」ということになるのでしょうが、それでもまだ広すぎて手に負えません。そこで、「地方財政」に的を絞ることにしました。実は私自身、ここ数年は地方財政を対象とした研究から離れているのですが、大学で職を得てしばらくは主に日本の地方財政を対象に仕事をしてきましたので[1]、そこから得られた体験談と個人的思いが混じり合ったものとしてお話ししたいと思います。力不足かもしれませんがご勘弁いただきたいと思います。

この「地方財政の実証分析」というフレーズにおける「実証分析」という言葉は、本来、「できるだけ思い込みや個人的嗜好にとらわれることなく、整合的な形式理論や適切な量的・質的データに基づいて、物事の機序を明らかにする試み」という意味での positive analysis の訳語として利用されるべきだと思いますが、ここでは多数の日本の経済学者による用法におもねって、とりあえずデータに基づいて推測統計的な手法を用いる「経験的な分析（empirical analysis）」という意味で使用します。つまり、地方財政の実証分析とここで呼ぶものは、都道府県もしくは市町村を単位としたデータに基づく推測統計的手法を用いた地方財政にかかる特定の命題を検証する研究と認識してもらえば良いと思います。

私が初めて日本財政学会に参加したのが明治学院大学で職を得た一九九九年の島根大学での大会からです。ちなみに、地方財政学会に初めて参加したのは（現在では退会しているのですが）、二〇〇〇年の横浜国立大学での大会からだったと思います。この二つの学会は古い時代のアーカイブは公開しておらず、私が参加する前にどのような報告が行われていたかはわからないのですが、少なくとも何らかの形で刊行された論文を見ると、日本人による地方財政を対象とした実証研究は二〇〇〇年代に入ってからかなりの勢いで増加してきたと感じています。

2　なぜ地方財政の実証研究が増えたのか

（1）地方財政データ

それでは、何故そのように研究が増加したのでしょうか。一つは、データを入手するコストが劇的に低下したということでしょう。市町村データを用いて経済学的な実証分析を行った嚆矢は、一九八〇年代の終わりになって発表された長峯純一先生と塚原康博先生が独立して書かれた論文（長峯、一九八八：塚原、一九八八）であると思います（ちなみに両論文とも先生方が大学院生時代の論文です）。当時、市町村データを作成するためには、地方財務協会による「市町村決算状況調」の冊子掲載データを一つ一つ手入力する必要がありました。当時の市町村数は三〇〇〇を超えていましたから、全市町村に関して分析に必要なデータセットを作成することは非常に大きなコストがかかる作業だったと思います。したがって、例えば長峯（一九八八）では一九八三年度の全国六五一市のうち一八〇市、塚原（一九八八）では一九八四年度の東京都二六市のデータといったように、初期の分析では標本規模を抑えて分析が行われていたようです。

状況がマシになったのは、現在、「日経地域経済データ」（当時の正式な名称は忘れました）と呼ばれるデータベースが販売されるようになってからでしょう。同データには決算状況調や国勢調査の市町村単位データも含まれていましたから、これが利用できれば面倒な手入力から開放されるわけです。当時私が勤務していた明治学院大学経済学部では同サービスの利用が可能であったため、当時の研究にとても役に立ったと記憶しています。

さらに二〇〇〇年代に入ってしばらくしてから、「市町村決算状況調」の冊子に同データを収録したCD-ROMが同封されるようになりました。通常の大学図書館ならば市町村決算状況調の冊子は常備しているはずですし、蔵書していない場合でも適切な価格で購入できましたから、これで多くの研究者が手入力なしに市町村データを操作できるようになりました。

そして、いつからかは記憶が定かではないのですが、その後しばらくして、総務省のウェブページから決算状況調の全データがダウンロードできるようになりました。ただ、当時のデータには市町村コードが付されていなかったため、例えば、国勢調査などの市町村データと接続する際にはとても難儀したのを覚えています。また、決算状況調には、目的別と性質別の歳出データはありますが、特定の目的別歳出（例えば「教育費」）の人件費や投資的経費といった、目的と性質をクロスしたデータは掲載されていませんでした。幸い当時の私は、総務省の研究会や委員会に参加していましたから、当該会合経由で必要なクロスデータなどをいただくことができたのですが、そのようなつながりがない場合は、情報公開法を通じた面倒な請求手続きを経て入手する必要がありました。

現在では皆さんご存じのように、政府統計の総合窓口（e-Stat）を通じて地方財政状況調査におけるすべてのデータが地方公共団体単位で入手できるようになっています。つまり、以前は総務省とつながりがない限り、面倒な手続きを経ないと入手できなかった市町村単位のデータが、現在では自宅のパソコンからオンラインで簡単に入手できるようになっています。必要なデータが簡単に入手できるということは、本当に画期的で素晴らしいことだと思います。

(2) ソフトウェア

いまひとつは、高度な計量経済分析が非常に簡単に行えるようになった点でしょう。現在に通じる計量経済学用のソフトウェアが日本で頻繁に利用されるようになったのは、和合肇先生と伴金美先生によるＴＳＰ（Time-Series Processor）の解説書である『ＴＳＰによる経済データの分析』という書籍が一九八八年に東京大学出版会から発売されてからだと思います。その他、計量経済学に特化したソフトウェアとしては、ＳｈａｚａｍやＲＡＴＳといったパッケージがあったのですが、いずれの場合も、より進んだ推定量を用いた分析やパネル分析を行う際には使い勝手が悪く、独自にプログラムを組む必要が多々あり、苦労した記憶があります。

しかし、ＳＴＡＴＡが広く利用されるようになってから状況は一変したと思います。ＳＴＡＴＡではユーザー自身が作成した多くのアドオンパッケージ（ａｄｏファイル）が利用できるようになっており、それを利用すれば、かつては自分で多くの行数にわたるプログラムを書かなければならなかったのが、一～二行のコマンドで可能になりました。計量経済分析パッケージというより、ソフトウェア言語といったほうが良いと思いますが、ＲもＳＴＡＴＡと同様にユーザーコミュニティーが活発で、ユーザー自身が開発した統計解析パッケージを簡単に利用できるようになっています。Ｒは誰でも無料で利用できるので、私の周りの学生の多くはＲを使っているようです。

このように現在では、かつて苦労して作成していた地方データがデスクトップから（何なら外出先のラップトップから）簡単に入手できるようになり、それを分析するソフトウェアも無料で入手できるようになっています。しかも、無料なだけではなく、かつては面倒なプログラムを書く必要があった高度な推定も数行のコマンドで実行可能です。つまり、地方財政の分野では、実証分析を実行するコストが一昔前と比べると恐ろしく低くなっているわけです。

これは皮肉にも研究者にとって厳しい状況を生み出しているのかもしれません。かつては、データの整備やプログラム作成だけでも少なくない労力が必要でしたから、分析自体は完璧でなくとも「よくこれだけのデータを作成できたね」とか「このような複雑なプログラムを組むのは大変だったね」ということで「偉いね、頑張ったね」と何らかの評価は可能だったと思います。ただ、現在ではそのコストは大きく下がることになったのですから、そのような「努力」の部分のウエイトは小さくなったはずです。ですから、ほかの研究者が入手（もしくは作成）しづらいデータを利用することや、ほかの研究者にはできない発想やセンスに基づいた推定のデザイン自体がより一層重要になっています。

（3）地方分権改革と海外の先行研究

地方財政の実証研究が盛んになった理由は、研究のコストが低くなったことだけではないでしょう。当然、地方財政そのものに社会的な関心が高まったことも大きな一因だと思います。一九九〇年代から地方分権改革の大きな高まりがありましたし、二〇〇〇年代に入ってからは小泉政権の下で地方財政にかかるトピックが常に新聞等をにぎわすようになりました。このような政策の動きには著名な財政学者や経済学者も絡んでいましたから、良くも悪くも、その周りにいた研究者や大学院生が巻き込まれていったということもあるのでしょう。

さらなる追加の要因として、海外の先行研究に「ひな形」があったことも大きいと思います。海外のデータを日本のデータに置き換えて分析を行えば、それなりのアウトプットを得られるからです。財政に関する実証分析の形態はさまざまですが、米国では州（states）や市町村（municipalities）単位の財政データを用いた研究が財政分野の主流領域の一つを形成してきたといって良いと思います。国単位の国際マクロデータを用いた財政に関する実証分析も少なくはないのですが、国内地域データは国際マクロデータより均質であり、質が良いと思われているようです。実際、私の知っているとても高名な海外の研究者は、国際マクロデータを使った実証分析は信じないと断言していました。

3　実証分析の若干の振り返り

それでは、日本の実証分析のひな形となった米国の研究にはどのようなものがあったのでしょうか。さまざまな見方があると思いますが、ここでは次の五つのトピックに分けることにします。

①公共財需要
②支払意思額の推定と資本化仮説

③ 公共サービスの生産・費用構造
④ 政府間相互依存関係
⑤ 政府間財政移転の効果

これから、①～⑤のそれぞれについて簡単に述べたいと思います。また、④と⑤については、次のトピックである因果推論の兼ね合いでも議論します。

（1）公共財需要

公共部門の歳出を「説明する」ために、古くは、歳出データをそれに影響を与えると思われる複数の変数に回帰して、係数の符号・値やその統計的有意性をアドホックに議論することが常だったようです。しかし、一九七〇年代初頭になると、Borcherding and Deacon（1972）や Bergstrom and Goodman（1973）を嚆矢とした一連の新しい研究が現れます。そこでは、地方歳出の決定を公共財の需要決定の問題ととらえ、あたかも消費者の最適化行動から需要関数（支出関数）を導出するように、中位投票者（もしくは他の decisive な投票者）の最適化行動から地方公共財の需要関数（地方歳出関数）を導出します。そして依拠した最適化問題に基づいて、推定されたパラメータの値や統計的有意性を解釈します。日本では、約一五年のラグがありますが、既述の長峯（一九八八）や塚原（一九八八）がこの手の実証分析の嚆矢となりました。最近では下火になっているようですが、ご存じのように日本でもそこから多数の同様の研究が生まれていきます。

なお、米国におけるこれら初期の研究の関心事は地方公共財の非競合性の度合いでした。そこでは、混雑関数を特定の形に定式化することによって、地方公共財の混雑度を表すパラメータを推定し、その値を用いて地方公共財の消費において混雑が生じるか否かが議論されていました。その一方で、日本の一連の研究では地方公共財の混雑度の推定というよりも、後述する、政府間財政移転にかかるフライペーパー効果の推定に主眼が置かれていた印象があります。

需要関数の係数から効用関数のパラメータを導出できるように、理論的には地方歳出関数の推定を通じて地方の意思決定者の選好パラメータを逆算できることになります。しかし、これらの研究のうち多くは対数線形型の需要関数が想定されています。対数線形型の需要関数は実証分析における近似としては便利かもしれませんが、ご存じのとおり、（係数に制約をつけない限り）それは標準的な消費者理論からは導出できない形をしていますから、その基底にある選好パラメータを導出することはできません。

加えて、いくつかの研究では、その分析が中位投票者仮説に基づいているにもかかわらず、一般的には同仮説が成立しない複数のイシュー（歳出分野）を前提とした意思決定を実証分析の前提としています。米国の研究ではシングルイシューとして教育を扱う教育区を対象にした実証分析が少なくなく、その場合は中位投票者モデルとの親和性は高いのですが、日本の地方公共団体は一つの歳出機能のみを有する団体ではありませんから、中位投票者モデルは一般的には適用できません。

そのほかにも複数の論点がありますが、いずれにせよ、日本の地方財政を対象とする場合、中位投票者モデルを用いることについてはモヤモヤしたものがあります。加えて、米国の基礎自治体（州ではないことに注意）の歳出は公共財的な性質を持つサービスへの歳出が中心である一方で、日本の地方歳出の大半は再分配的な歳出です。したがって、日本の地方歳出を分析する場合、地方公共財の理論モデルを前提としたモデルに基づいて導出した歳出関数を用いることで、どれだけ説得的な分析が可能なのかという疑問もわいてきます。

（2）支払意思額の推定と資本化仮説

ご存じのとおり、（最大）支払意思額は限界便益に等しいと考えられますから、消費量を引数とする支払意思額（限界便益）を表す関数は需要関数の逆関数となります。したがって、地方公共財の支払意思額（限界便益）を推定することは、当該地方公共財に関する需要やその裏側にある選好を推定することと一致します。

Roback（1982）が示したように、一定の仮定の下では、地代を公共財の水準を表す変数（と他の適切な共変量）に回帰することによって得られる係数を、別途推定する賃金関数の推定結果を用いて調整すると、当該公共財の限界便益を得ることができます。Roback（1982）の手法を日本においていち早く用いた研究は、加藤尚史先生が大学院生時代に発表された論文です（加藤、一九九〇）。この論文では、その便益が地方公共財と見なされる複数のインフラ・公的施設だけではなく、生活環境の質（地域アメニティ）を表す他の指標も扱っています。同様の研究は赤井先生もやっていらっしゃいます（赤井・大竹、一九九五）。なお、Brueckner（1982）の結果から明らかなように、賃金関数の結果を用いずに、単なる地代関数の推定結果だけからは必ずしも支払意思額が推定されるわけではありませんが、いずれにせよ有用な情報を得ることができます。

既述の公共財需要の研究を含め、これらの研究は地域の公共財需要、したがって、地方公共財への選好を推定しようとする試みととらえることができます。しかし、このような研究が利用しているような集計データを利用することで、個々人の選好が適切にとらえられるのかという疑問もあります。

(3) 公共サービスの生産・費用構造

公共財の需要関数を推定しようとする研究が存在するのであるならば、公共財の供給関数を推定しようとする研究が存在することも自然でしょう。実際、米国においては多くの研究が地方公共財の生産にかかる費用関数を推定してきました。分析の枠組みについては、需要分析が消費者理論に基づいているように、費用分析は標準的な企業理論に基づいています。ただし、地方公共財の便益が純粋公共財のそれでない限り、公共部門で直接生産されたアウトプット（Dアウトプット）がそのまま消費者に消費されるわけではありません。Bradford et al.（1969）が提示したとおり、混雑関数を嚙ませることで、政府の活動水準＝公共部門が直接生産したアウトプット（Dアウトプット）を住民が実際に享受することができるサービス（Cアウトプット）につなげる必要があります。この点をいち早く日本に紹介したのは能勢哲也先生だったと思います（能勢、一九八二）が、実際に地方データを用いて推定したのは國崎稔先生のはずです（國崎、一九八九）。この手の研究にかかる理論的な論点は、Duncombe and Yinger（1993）によって整理されています。

公共サービスの費用関数の推定の難しさは三つあります。第一はすべての行政分野においてCアウトプットを適切に表す指標を得ることが難しいことです。例えば、地方が提供する行政サービス水準を適切に総合するような指標は容易に手に入るものではありません。私自身もある指標を利用したことがあります（林、二〇〇二）が、当該指標はいろいろと但し書きをつけて漸く利用できる指標です。このような理由で、内外の研究においては、教育、ゴミ処理、上下水道、消防、警察など当該サービスを表す指標が利用しやすい分野に限って、それぞれの費用関数の推定が独立して行われているようです。

第二は、第一点目の裏返しで、自分の過去の論文を批判することになるのですが、特定のサービスに関する費用構造ではなく、総合的な公共サービスに関する費用構造を適切に検証することは難しいということです。私たちの関心は、個別のサービスの生産性ではなく、総合的なサービス水準の生産性にあるケースが多いと思われますが、それを適切に行うことは難しいということになります。

第三は公共サービス生産における要素価格に関する問題です。費用関数を推定するわけですから、既述の公共サービス水準を表す指標に加えて、生産要素の価格を表す指標が必要となります。企業の生産関数と同様、公共部門の生産関数における生産要素は労働（公務員）と公共資本（公共インフラ）と考えるのが自然です。労働の価格（公務員の賃金率）は何とかデータがとれるにしても、公共資本の価格を適切に表すデータは存在しません。実際は、各地域で共通の価格と仮定し、横断データの場合は定数項、パネルデータの場合は時間ダミーに含ませるしかないのですが、そのような仮定の適切性についてはわからないところです。

（４）政府間相互依存関係

政府間の相互依存関係の実証分析は、国内の地方政府間を対象にしたものではなく、国際機関における海外援助費（Dudley, 1979）や軍事同盟における軍事費（Dudley and Montmarquette, 1981）など、国を単位とした国際的な相互依存関係の研究として始まりました。このような国際レベルの分析を地方レベルの分析に応用したのがMurdoch et al.（1983）で、それを引用する形で日本を対象とした分析をいち早く行ったのが塚原先生による研究です（塚原、一九九四）。

ここでは相手の選択が自分の選択に影響を与え、自分の選択が相手の選択に影響を与えるという関係を対象としていますから、観察されたデータを均衡で実現されたデータとみなす限り、推定では、連立方程式体系における同時決定（同時性）による内生性の問題が生じます（なお、Hayashi and Boadway（2001）はそのような想定を用いていません）。また、通常は他の政府の数は一つではないですから、財政変数が純粋公共財的性質を持たない限り、推定の都合上、他政府の財政変数をどのように集計するかという問題も残っています。内生性の問題に対しては完全情報最尤法（ＦＩＭＬ）や操作変数法を用い、他地域変数の集計に対しては空間重み行列を用いることになるのですが、そのような分析を最初に地方財政に適用したのが、米国における州政府の歳出を対象としたCase et al.（1989/1993）です。その他、州政府による税率の相互依存関係をみたBesley and Case（1995）も重要な研究でしょう。

この手の研究は二〇〇〇年代に入って内外でタケノコのように増加してきました。その理由の一つは、空間自己回帰を推定する方法がポピュラーになり、定型的な定式化ならば簡単に推定できるアドオンパッケージが用意されていったことでしょう。ただ、Gibbons and Overman（2012）が、これらの研究で用いられている空間自己回帰の推定方法に対し辛辣な批判を加えたことにより、単にデータだけ換えて定式化されたモデルを推定したような研究は、主要な経済学のジャーナルでは目にすることはなくなりました。

その代わり、外生的な財政制度の変更を利用した、いわゆる自然実験的な実証分析がいくつか提供されています。典型的には、何らかの外生的な理由で特定の地域が財政変数を変更した事例を利用し、当該地域に隣接している地方政府を処置群、その他の地方政府を対照群として推定を行う研究です。しかし、処置群に属する地方政府には対照群に属する地方政府と隣接しているものもあるでしょうから、それらの間に相互依存関係が存在していると考えられます。そうであるならば、処置の効果は対照群に波及することになります。つまり、効果の適切な推定に必要なＳＵＴＶＡ（stable unit treatment value assumption: 処置の影響は処置群内で閉じているという仮定）が満たされません。このような自然実験的な分析は定型的な空間計量分析と同様に、いろいろと気をつけるべき点があるようです（言い方は下品ですが、私としては「目くそ鼻くそ……」だと思っています）。そのせいかもしれませんが、ここ数年は自然実験的な実証分析も目にしなくなりました。ある意味で流行は去ったように思えます。

そもそも地方政府間の相互作用の推定は理論的には地方政府の「反応曲線」の推定なのですから、その関数の形状は、意思決定者（地方政府）の選好を形づくる構造的なパラメータに基づくはずです。例えば歳出の相互依存関係を便益漏出としてモデル化する場合、典型的な設定では、他地域の歳出を所与として、当該目的関数を最大化するように自己地域の歳出、つまり、地方公共財の需要を決定することになりますから、公共財の需要関数の引数に他地域の歳出が含まれることになります。したがって、この需要関数は他地域の歳出にも依存するため、反応関数としても理解できるわけです。ただ、需要関数であることには変わりませんから、その推定から歳出を決定する当該政府の選好（目的関数）のパラメータを導出することができます。

既述の外生的な制度変化を利用した推定デザインでは、そのような構造パラメータが適切にとらえることができないと考えるのは自然かもしれません。また、定型的な空間自己回帰を利用した研究のなかにも、空間ダービンモデルを用いた研究のように、理論的に導出されるはずの反応曲線の定式化を無視して、回帰式を特定化している研究は多々存在します。

(5) 政府間財政移転の効果

中央政府からの財政移転の効果については、古くから実証分析の対象になっています。財政移転は公共財の需要に影響を与えます。例えば、特定分野における定率補助であれば当該分野の歳出が充てられる公共財の相対価格に影響（価格効果）を与え、一般定額補助であれば公共財の需要に所得効果を発生させます。したがって、第3節（1）項で議論した実証分析では、これら財政移転の効果も同時に推定することが常になっています。日本における、地方公共財の需要関数を推定する研究では、長峯（一九八八）や塚原（一九八八）がそうであったように、地方の公共財への選好を推定するというよりも、中央政府からの財政移転（政府間財政移転）によるフライペーパー効果や財政錯覚の効果が強調されてきたようです。日本においては国庫支出金や地方交付税への批判が大きかったこともあり、政府間財政移転の問題を特に強調するような研究が多かったと思います。このような研究の計量経済学的な問題についてはいろいろとコメントしたいのですが、ここでは差し障りがあるので止めておきます。なお、政府間財政移転の効果については、推定デザインとの関係で次節においても触れたいと思います。

4　因果推論と推定のデザイン

(1) 因果推論

地方財政の実証研究においても、いわゆる因果推論的なフレームワークが流行しているようです。ただ、流行以前と以降で実証分析自体に大きな断絶があるわけではないと思います。因果推論が流行する前から、介入を表すダミー変数とともに共変量を用いた回帰分析は普通に行われてきました。これは、Angrist and Pischke（2008, Ch. 3）が説明しているように、マッチング推定量と本質的には変わりありません。また、介入後のダミー変数を使った固定効果モデルもしくは階差モデルを用いた実証分析も、かなり前から、多々存在していたのではないでしょうか。それらは、今流行の用語を使えば「差の差の推定」となります。また、操作変数については、私の学生時代から、その選択の難しさや小標本での推定量の特性についてはかなりの研究蓄積がありました。

もちろん、因果推論の流行にも利点はあります。第一は、推定された係数（estimand）がどのような効果として解釈できるかを明らかにし、それを多くの研究者が意識できるようになったことは大きな貢献だと思います。第二に、selection on observables の考え方が広く理解されることで、小難しい推定法をこねくり回すのではなく、推定デザインを上手く工夫すれば単なるＯＬＳで適切に推定できる場合があるという理解が進んだ点も良かったと思います。例えば、回帰不（非）連続設計（シャープの場合ですが）による推定は、forcing variable を共変量に含んだダミー付き回帰モデルをＯＬＳ推定したものです。

一方、同時性（逆の因果）による内生性に関しては、正確な同時方程式体系の情報が存在しない限り、何らかの外的な基準で信頼できる操作変数を見つけだすしか手段はありません。ただし、この問題は古くから計量経済学によって研究されてきた伝統的なトピックであり、特に新しいイシューではありません。

（2）制度研究と推定デザイン

ただし、地方財政における介入効果を推定することは一筋縄ではいきません。当然、介入（処置）を受ける団体とそうでない団体を識別する必要があります。しかし、この識別に必要なバリエーションを持った変数はそう簡単に見つからないことが多いです。例えば、国による制度変更は全国同時に行われ、すべての地方公共団体に適用される場合が多いですから、横断面のバリエーションを見つけることができません。地方公共団体が自発的に参加するプログラムであるならば、参加しない団体も存在するため、その意味で処置群と対照群は識別できます。ただし、その場合はセレクションの問題が存在しますから、何らかの適切な推定デザインを考える必要があります。また、関心のある処置変数は同時決定システムによって決定される内生変数かもしれません。この逆の因果・同時性による内生性に対処するためには適切な操作変数を見つける必要があります。

このような推定上の問題に適切に対処するためには、関連した財政制度を十分に理解しておく必要があります。これは他の分野の経済学者と違って、財政学者の強みかもしれません。例えば、政府間財政移転の効果を検証する海外の研究では、二〇〇〇年代前後から政府間財政移転の制度的特徴を上手く生かした実証分析が行われるようになりました（Baker et al. 1988; Gordon 2004; Dahlberg et al. 2008）。宣伝になってしまいますが、日本についても、林（二〇〇七）、林・石田（二〇〇八）、Hayashi and Kobayashi（2010）などが地方交付税の仕組みを生かした同様の研究を行っています（その後、同様のアイディアを用いた地方交付税の研究をいくつか目にしましたが、そこで我々の研究を引用していただけていないのが寂しいところです）。

（3）若干の警鐘

このようなデザイン優先の実証分析には注意しなければならない点もあるでしょう。第一は便宜主義です。特定の対象を知りたいから研究するというよりも、特定のデザインを利用できるから研究対象を選ぶという圧力が存在するかもしれません。これは、日本のデータを使うとアクセプトされにくいから、日本のデータを使った研究はやらないという考えと根を同じにしていると思います。若手研究者の方々にとっては切羽詰まったことかもしれませんし、そもそも「そんなの人の勝手」かもしれません。しかし、特定の対象が重要だと考えるから、または、その対象をよく知りたいから、それを研究するという発想が弱くなることは確かです。このような研究の指向が、日本の財政研究に与える長期的な影響について懸念する必要があるのかもしれませんし、もうすでに悪影響は出ているのかもしれません。

第二は、研究の特殊性です。特定の介入にかかる実証分析は、その歴史的事象自体の評価には役に立つことでしょう。加えて、そのような対象自体を研究することが一般的にみても興味深い場合もあるでしょう。しかし、上手い具合に制度変更が起こった、もしくは、利用できるデータが揃った、歴史上の一度限りの事例を扱うわけですから、いくら内的妥当性に優れた分析でも、多くの場合、当該分析の外的妥当性を担保することは難しいと思います。一度限りの事例をきちっと評価する作業は非常に重要ですが、一般的な一つの命題を繰り返し検証し、分析結果を緻密化していくという作業には貢献できない場合もあるのではないでしょうか。

第三は、経済学からの乖離です。因果推論的な実証分析では、ほとんどの場合、XからYに至る機序を明らかにするというよりも、XがYに与えた結果のみを上手く推定することが重要ととらえられているようです。このように経済学的機序の考察は横に置いているわけですから、とても極端な言い方をすると、わざわざ経済学者がやる必要のないような実証分析が増えているのかもしれません。分析の対象によっては、教育学者がやっても良いし、心理学者がやっても良いわけで、むしろそのほうが良い場合があるのかもしれません。

5　おわりに

最後に、経済学における地方財政の実証研究の課題を述べることで締めくくりたいと思います。これは地方財政に限らず、実証分析一般にいえることだと思いますが、日本では実証分析のやりっぱなしというか、いったん分析を行った後はそのまま放置される傾向があるようです。換言すれば、特定の命題について複数の研究者が検証を繰り返し、実証分析の精度を高めるということが行われていないと思います。昨今の日本では何かとＥＢＰＭの必要性を訴える経済学者は多いですが、その前に自分たちの研究を底上げし、政策の参照になる程度の信頼性の高いエビデンスを提供できることが必要ではないでしょうか。また、日本のＥＢＰＭを巡る議論では、特定の政策を立案する省庁や自治体が、自らのエビデンスを作ることを前提として議論している場合が多いように思います。ただ、これを医療分野のＥＢＭにて例えるならば、多忙な現場の医師が自前で臨床研究をしているようなものです。このようなエビデンスの信頼性については定かではないでしょう。実証分析の信頼性はアドホックな一度切りの分析で確定できるとは考えられません。複数の研究者が特定の命題の検証を繰り返し、分析結果の精度を高めることが必要だと思います。

また、二〇〇〇年代において地方財政に関する実証分析はタケノコのように増加しましたが、以前からの重要なテーマについては何も確定的な回答が得られていないことも気になります。やはり、地方財政で一番重要なのは、地域間で選好の違いが存在するか否か、存在するのならばその程度はどれくらいかを検証することです。地域間に選好の差があれば地方分権が望ましいという結論につながるかもしれません。しかし、地方公共財の需要に関する実証分析は多々存在するにしても、その需要の裏側にある選好の地域間の差異の検討は十分に（もしくは、ほとんど）行われていないと思います。加えて、そのような公共サービスを生み出す生産構造の検証についても十分ではありません。地方財政の費用構造については構造的な特定化と適切な推定方法が必要となるはずですが、現在でも、一人当たり歳出を人口の二乗項に回帰させるという雑な推定をよく見ます。日本では大規模な市町村合併が行われましたが、合併後に一人当たり歳出がどう変わったかということに加え、地方の公共サービス生産や費用の構造がどう変わったかを経済学的に検証する必要があるはずです。これらは「選好（需要）」と「生産（供給）」という経済学的に考えても古典的かつ根本的なテーマです。派手さはないかもしれませんが、このようなテーマについても多くの研究者がこつこつと推定を繰り返して、集合知を築き上げる必要があると思います。

【注】

1　私は日本の学部時代と大学院時代は国際政治学を専攻していました。初めて経済学コースの履修を開始したのが三〇歳になる手前の一九九四年で、一九九八年の学位取得を経て、大学で職を得たのが一九九九年です。博士論文を含め、当時の私の研究対象は国際公共財の理論と実証であり、当初は日本の地方財政には関心はありませんでした。日本を対象とした研究を始めたのは大学に就職した一九九九年以降です。

参考文献

赤井伸郎・大竹文雄（一九九五）「地域間環境格差の実証分析」『日本経済研究』（三〇）、九四―一三七。

加藤尚史（一九九〇）「都市生活の質の指標化」『一橋論叢』一〇三（六）、六九〇―七一四。

國崎稔（一九八九）「地方公共サービスの費用関数の推定」『星陵台論集』二四（一）、六五―七六。

塚原康博（一九八八）「ファンジビリティー仮説とフライペーパー効果」『一橋論叢』九九（六）、八六〇―八七四。

塚原康博（一九九四）「公園サービスの決定と地域間スピルオーバー」『明治大学短期大学紀要』（五四）、一〇九―一二五。

長峯純一（一九八八）「地方政府モデルによる公共支出の実証分析」『公共選択の研究』（一二）、六五―六七。

能勢哲也（一九八二）『財政の計量分析』創文社。

林正義（二〇〇二）「地方自治体の最小効率規模――地方公共サービスの供給における規模の経済と混雑効果」『フィナンシャル・レビュー』六一、五九―八九。

林正義（二〇〇七）「国庫補助と生活保護率――回帰非連続設計による分析」財団法人地方自治研究機構編『自立的な地方行財政制度のあり方に関する研究』財団法人地方自治研究機構。

林正義・石田三成（二〇〇八）「地方単独事業と交付税措置――平均処置効果の推定」『財政研究』四、一二五二一—二六七。

Angrist, J. D., and Pischke, J.-S. (2008), *Mostly Harmless Econometrics: An Empiricist's Companion.* Princeton University Press.

Baker, M., Payne, A. A., and Smart, M. (1999), "An empirical study of matching grants: the 'cap on CAP'," *Journal of Public Economics*, 72 (2), 269–288.

Bergstrom, T. C., and Goodman, R. P. (1973), "Private Demands for Public Goods," *American Economic Review*, 63 (3), 280–296.

Besley, T. J., and Case, A. C. (1995), "Incumbent behavior: Vote-seeking, tax setting, and yardstick competition," *American Economic Review*, 85 (1), 25–45.

Borcherding, T. E., and Deacon, R. T. (1972), "The Demand for the services of non-federal governments," *American Economic Review*, 62 (5), 891–901.

Bradford, D., Malt, R., and Oates, W. (1969), "The rising cost of local public services: Some evidence and reflections," *National Tax Journal*, 22, 185–202.

Brueckner, J. K. (1982), "A test for allocative efficiency in the local public sector," *Journal of Public Economics*, 19 (3), 311–331.

Case, A. C., Rosen, H. S., and Hines Jr., J.R. (1989), "Copycatting: Fiscal policies of states and their neighbors," *NBER* Working Paper Series, No. 3032.

Case, A. C., Rosen, H. S., and Hines Jr., J. R. (1993), "Budget Spillovers and Fiscal Policy Interdependence: Evidence from the States," *Journal of Public Economics*, 52 (3), 285–307.

Dahlberg, M., Mörk, E., Rattsø, J., and Ågren, H. (2008), "Using a discontinuous grant rule to identify the effect of grants on local taxes and spending," *Journal of Public Economics*, 92, 2320–2335.

Dudley, L. (1979), "Foreign aid and the theory of alliances," *Review of Economics and Statistics*, 61 (4), 564–571.

Dudley, L., and Montmarquette, C. (1981), "The demand for military expenditures: An international comparison," *Public Choice*, 37, 5–31.

Duncombe, W., and Yinger, J. (1993), "An analysis of returns to scale in public production, with an application to fire protection," *Journal of Public Economics*, 52 (1), 49–72.

Gibbons, S., and Overman, H. G. (2012), "Mostly pointless spatial econometrics?," *Journal of Regional Science*, 52 (2), 172–191.

Gordon, N. (2004), "Do federal grants boost school spending? Evidence from Title I," *Journal of Public Economics*, 88, 1771–1792.

Hayashi, M., and Boadway, R. (2001), "An empirical analysis of intergovernmental tax interaction: The case of business income taxes in Canada," *Canadian Journal of Economics*, 34 (2), 481–503.

Hayashi, M., and Kobayashi, Y. (2010), "The effects of central grants on decentralized social programs: Post-2005 School Expense Assistance in Japan," Global COE Hi-Stat Discussion Paper Series 118, Institute of Economic Research, Hitotsubashi University.

Murdoch, J., Rahmatian, M., and Thayer, M. (1993), "A spatially autoregressive median voter model of recreation expenditures," *Public Finance Quarterly*, 21, 334–350.

Roback, J. (1982), "Wages, rents, and the quality of life," *Journal of Political Economy*, 90 (6), 1257–1278.

第4章

公共経済理論
日本人研究者の研究動向とこれから

（東京大学大学院経済学研究科教授）
小川　光

1　経済理論の死？

今から約一〇年前の二〇一三年、著名な経済学ブロガーのノア・スミスが「〔経済〕理論の死？」と題した記事を発表しました。[1] そのなかで紹介された内容が表1にまとめられています。表にある数字は、経済学分野のトップ誌に掲載された論文の分析アプローチの割合を示しています。

これによれば、経済学トップ雑誌に「理論研究」として掲載された論文の割合は、一九八三年の

表1　経済学分野のトップ誌に掲載された論文の分析アプローチの割合（%）

Year	Theory	Theory with simulation	Empirical: borrowed data	Empirical: own data	Experiment
1963	50.7	1.5	39.1	8.7	0
1973	54.6	4.2	37.0	4.2	0
1983	57.6	4.0	35.2	2.4	0.8
1993	32.4	7.3	47.8	8.8	3.7
2003	28.9	11.1	38.5	17.8	3.7
2011	19.1	8.8	29.9	34.0	8.2

（注）Hamermesh（2013）の表4より一部抜粋。経済学分野のトップ誌は、American Economic Review, Journal of Political Economy, Quarterly Journal of Economics の3誌で定義されている。

五七・六%をピークに減少を続け、二〇一一年時点で一九・一%まで低下しています。「シミュレーションを伴う理論研究」を含めても二七・九%で、一九八三年の六一・六%に比べれば半減以下となっており、これらの数字がもとになってブログ記事のタイトルがつけられています。一九八三年に「理論研究」の割合がピークを迎えていたということは、この四〇年間、現代のほとんどの経済学者は「理論研究」が「死」に向かう過程を目の当たりにしてきたわけです。

なぜ経済理論は「死」に向かう状況になったのでしょうか。スミスはその理由を、ダニエル・カーネマンという隕石が「超合理的新古典派」経済学という名の恐竜を襲い、その進化の方向性を変えたからだと推測しています。そして、これまで支配的だった仮定や法則から出発する演繹的アプローチに代わり、事実や事例から出発する帰納的アプローチを用いた研究が増えたことを革命と呼び、表1にみられる変化を肯定的にとらえています。

この記事を受けて、ポール・クルーグマンやデイビッド・

ウイルソンらが相次いで「何が経済理論を殺したのか？」や「経済理論の次に来るもの」といったタイトルで、経済理論が死を迎えた前提で論考を発表しました。[2] クルーグマンは自身が専門分野とする国際貿易理論とマクロ経済理論について、前者は貿易に関するほとんどの事柄を理論モデルで説明できるようになったことが理論研究の終焉をもたらし、後者は逆に、ほとんどの事柄を理論モデルで説明できなかったことが理論の衰退をもたらしたと述べています。ウイルソンは、隕石の衝突によってホモ・エコノミクスからホモ・サピエンスに基づく経済学へ進化を果たすのであれば、次に来るべきは遺伝と文化的進化を経済学に取り込む研究であるとしています。

表１は経済学分野トップ三誌に掲載された論文を対象にしていますが、それ以外の雑誌でも理論研究の減少という意味では同じ傾向が観察されています。Paldam（2021）は、Journal of International Economics, Canadian Journal of Economics, European Economic Review など、いわゆる経済学トップ誌の次にランクされることの多い雑誌の中から一〇誌を選び、一九九七年から二〇〇七年の間に掲載された論文の分析アプローチを分類しています。その結果、掲載された論文のうち「理論研究」は、わずか一〇年の間に五九・五％から三三・六％へ、二五・九％減少していたのに対して、「実証研究」と「実験研究」はそれぞれ一五・八％、九・〇％の増加となっていました。

本章では経済理論の死を議論することを目的としていないので、これ以降はその是非について論じませんが、Hamermesh（2013）と Paldam（2021）が集計した数字に基づけば、経済学の学術雑誌に掲載される論文のうち、理論的アプローチだけを用いたものの割合が減少しているのは確からしく、それはおそらく公共経済理論についても当てはまると思われます。

2　日本人による公共経済研究の公刊動向

（1）論文数の推移

研究アプローチに前述のような変化がみられる中で、公共経済学分野において、日本人研究者による国際的な学術雑誌への論文公刊の状況、およびそこで用いられている研究アプローチにどのような変化があったのでしょうか。ここでは、それらについて時系列で整理していきます。[3] 公共経済学、並びに財政学分野には、当該分野の研究者によく知られた学術雑誌がいくつかありますが、本章ではフィールドトップ誌として多くの研究者に認識されているJournal of Public Economics（JPUBE）、および財政学・公共経済学分野における二つの代表的な国際学会の学会誌であるInternational Tax and Public Finance（ITAX）とJournal of Public Economic Theory（JPET）の三誌に絞って、日本人が著者として公刊した論文の数や内容を整理していきます。[4] なお、これら三誌のＳＪＲ（SCImago Journal Rank）評価スコアは、二〇一二年から二〇二二年の平均でＪＰＵＢＥは三・八七、ＩＴＡＸは〇・八二、ＪＰＥＴは〇・七三となっています。[5]

図１（ａ）は、三誌のなかで最も発刊年が古いＪＰＵＢＥに論文を掲載した日本人研究者を著者に含む

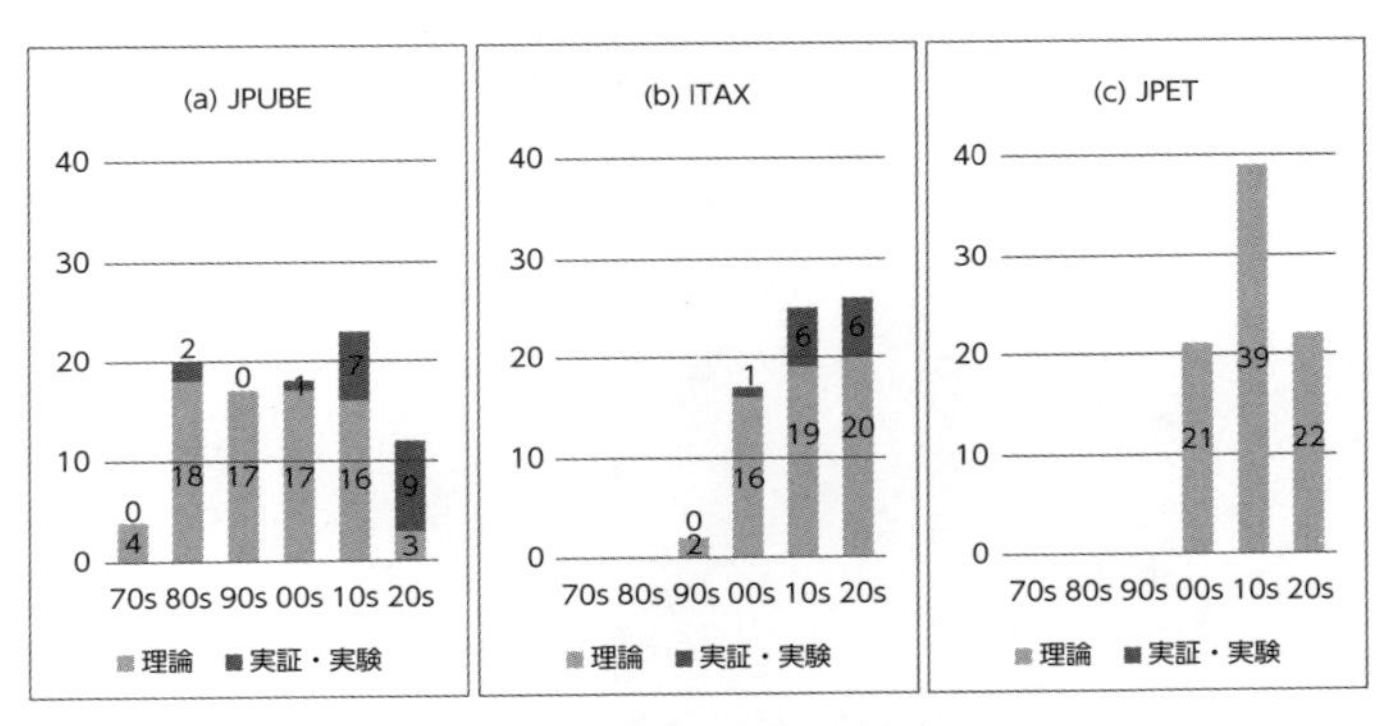

図１　日本人を著者として含む論文数

（注）2020 年代は 2024 年７月 10 日までの数字（近刊論文含む）。訂正やリプライに関するノートは対象外。表１の分類を参考に、本章では theory および theory with simulation に相当する研究を「理論」、それ以外の研究を「実証・実験」に分類している。ただし、図１で使用したデータ上では「実験」に相当する研究は１本しかなく、「実証・実験」に分類された研究のほとんどは「実証」研究であると考えてよい。

論文数の推移を表しています。一九七二年から二〇二四年七月までの約五〇年間で、日本人が著者に含まれる掲載論文数は九四本、延べ一一七人（複数の論文を掲載する著者の二重計上を考慮した実質では八八人）の日本人経済学者が著者になっています。ＪＰＵＢＥに掲載された論文のうち、日本人研究者を著者に含むものは、一九七〇年代は四本でしたが、一九八〇年代以降はコンスタントに二〇本前後で推移しています。二〇一〇年以前は実証研究として掲載された論文は三本にとどまっており、理論研究が主流であったことがわかります。他方で、二〇一〇年代になると実証研究の論文数が顕著に増加しました。そして、二〇二〇年代に入ると、二〇二四年七月の時点で理論研究と実証研究の数が逆転するに至っています。

図１（b）と（c）は、それぞれＩＴＡＸとＪＰＥＴに関するデータです。前者は一九九〇年代半

ばに発刊されたため、一九九〇年代の数字は小さくなっていますが、二〇〇〇年代と二〇一〇年代にはそれぞれ一七本、二五本の論文が掲載されています。一九九四年から二〇二四年七月までの三〇年間で、合計七〇本、延べ一〇〇人（実質六五人）の日本人経済学者が著者になっています。ここでも理論研究の論文が多くを占めていますが、二〇一〇年代以降、実証研究の数も着実に増えています。後者のＪＰＥＴは一九九九年に発刊され、そのタイトルからわかるように公共経済理論を中心とした雑誌であり、掲載されている論文は基本的に理論研究です。ＪＰＥＴについては、発刊直後から日本人研究者による論文掲載が進んでおり、二〇一〇年代には二〇〇〇年代に比べて掲載論文数が二倍近く増加しています。一九九九年から二〇二四年七月までの二五年間で、合計八二本、延べ一二五人（実質九〇人）の日本人研究者が著者に名を連ねています。

図1から読み取れることは二つあります。第一に、Hamermesh（2013）とPaldam（2021）が広く経済学全般について示したように、日本人を著者とする公共経済学分野の論文においても二〇一〇年代以降に実証研究の割合が増えていることです。ただし、その中身は理論研究の数を維持しつつ、実証研究の数が増加している状況にあります。第二に、二〇二〇年代に入ってからの論文掲載数がそれまで以上に増えていることです。図1における二〇二〇年代の数字は、二〇二四年七月までの五年数か月に限っていますが、それだけでも二〇一〇年代の一〇年間に公刊された三誌合計の論文数に迫っており、国際的に認知された公共経済学分野の学術雑誌に論文を掲載する日本人研究者が着実に増えていることがうかがえます。

表2　論文執筆の形態

		論文数	理論の割合（%）	共著の割合（%）	平均著者数	国際共著の割合（%）
JPUBE	1970s	4	100	0	1.00	0
	1980s	20	90	30	1.30	20
	1990s	17	100	29	1.41	29
	2000s	18	94	61	1.67	28
	2010s	23	70	61	1.74	35
	2020s	12	25	83	2.25	67
ITAX	1990s	2	100	50	1.50	0
	2000s	17	94	35	1.41	24
	2010s	25	76	52	1.68	16
	2020s	26	77	73	2.00	31
JPET	2000s	21	100	71	1.86	29
	2010s	39	100	67	1.85	33
	2020s	22	100	68	1.86	32

（注）2020年代は2024年7月10日までの数字（近刊論文含む）。訂正やリプライに関するノートは対象外。国際共著とは著者に外国人研究者（と類推される氏名）を含む場合をいう。平均著者数は論文一本当たりの著者数である。

（2）共著化の傾向

表2には、日本人が書いた論文の執筆形態が示されています。JPUBEを例にすると、理論的アプローチをとる論文の割合は一九七〇年代に一〇〇%であったのが、二〇一〇年代以降にその割合は低下し、二〇二〇年代に公刊された論文のうち「理論」研究は二五%となっています。そのような数字の変化とは逆に共著論文の割合が増える傾向にあり、二〇〇〇年代に六〇%を超え、二〇二〇年代は八三%となっています。それに応じて、論文一本当たりの著者数も増加を続け、二〇二〇年代の論文一本当たりの著者数は平均で二・二五人となりました。さらに、論文の共著化に伴い国際共著の割合も増え、二〇二〇年代に公刊された論文のうち国際共著論文が七割に迫

る勢いとなっています。ＩＴＡＸとＪＰＥＴはＪＰＵＢＥと若干異なる傾向を見せている部分もありますが、共著論文の割合はいずれの雑誌でも二〇二〇年代には七割程度、国際共著論文の割合も三割を超えるまでになっています。公共経済学や財政学分野において、複数人で取り組む研究、かつ海外研究者と共同する研究が増加する流れになっていることが見てとれます。

（3）研究のトピックス

次に、公共経済学分野において、日本人研究者がどのようなテーマに取り組んできたかを見てみましょう。日本人研究者が著者に含まれる論文を対象に、それらの論文の主要テーマを分類したものが図2です[6]。これによれば、日本人研究者が取り上げるテーマで多いものは、雑誌によって若干の差はあるものの、大きく分けると、マクロ財政と経済成長（ＯＬＧモデル、社会保障、少子高齢化、公共投資、財政維持可能性等）、税（最適課税、帰着、税制改革等）、税競争、公共財（最適供給、自発的供給）、政治経済（投票、レントシーキング、グループコンテスト、メディア）、教育・医療・家計、政府間財政関係（地方分権、ソフトな予算制約、市町村合併）、の順になっています。

二〇〇〇年以前は、世代重複モデルを用いて財政の維持可能性や社会保障に関する問題を分析するマクロ財政に関する研究、および最適課税ルールや税の帰着、税制改正の効果を理論的に明らかにする研究が比較的多くみられました。その後、二〇〇〇年代に入ると政府間財政関係や税競争の研究が増えてきました。さらに最近になると、理論面では情報とゲーム理論を使った政治経済学研究、および医療、教育、環

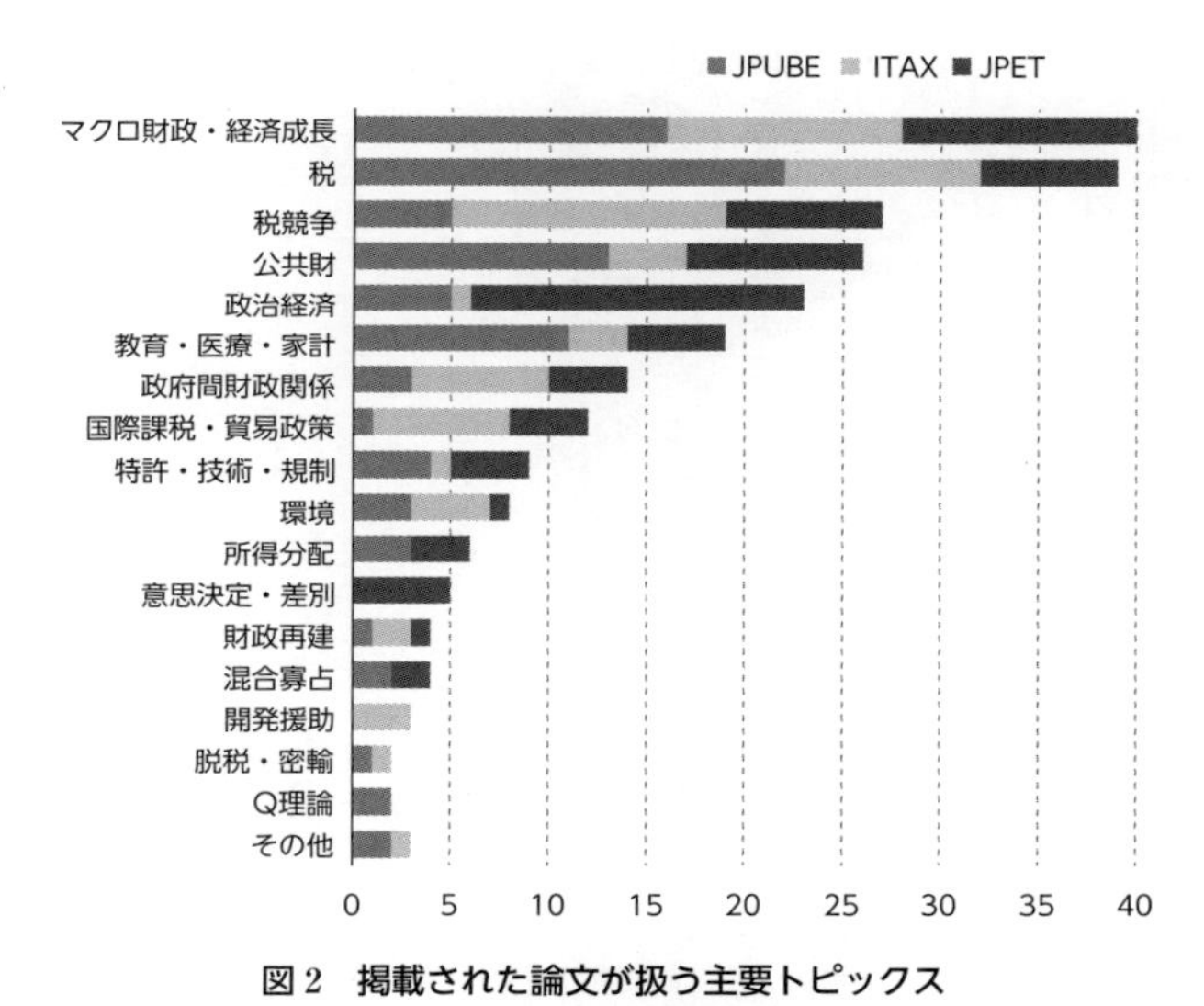

図2　掲載された論文が扱う主要トピックス

（注）各雑誌の創刊から2024年7月10日までに公刊されたもののうち、日本人研究者を含んだ論文が対象（近刊論文含む）。

境に関する実証研究がＪＰＵＢＥを中心に増えています。

日本人研究者が研究対象としてきたテーマは、国際的にみてどのような特徴を持っているのでしょうか。それを知る足掛かりとして、Mertzanis et al. (2022) と Davies and Studnicka（2023）におけるキーワード抽出の結果と図2で示した日本人の研究トピックスを比較してみましょう。前者は一九九〇年から二〇二一年の間にＪＰＵＢＥに、後者は二〇一〇年から二〇二〇年の間にＩＴＡＸに掲載された論文のキーワードを抜き出した情報を提供しているので、対象期間がそれぞれ異なるものの全体の動向をつかむために、それらの数字と図2を比べてみます。表3（a）と（b）は、それぞれＪＰＵＢＥとＩＴＡＸに掲載された論

表3　掲載された論文のキーワード

税	158
公共財	148
政治経済	96
再分配	78
政府間財政関係	69

（a）JPUBE（1990-2022年）

脱税・地下経済	249
税競争	172
財政政策	148
税	124
経済成長	104

（b）ITAX（2010-2020年）

（注）（a）はMertzanis et al.（2022）の表8、（b）はDavies and Studnicka（2023）の表2を一部抜粋

文のキーワードの数を多い順に上位五つに絞って並べたものです。[7]

図2を示す際に、筆者はマクロ経済理論を専門にしていないため、マクロ経済学的なアプローチをとった研究を大括りにマクロ財政・経済成長としてまとめています。そのため、マクロ財政というキーワードは表3には出てきていませんが、それに相当するものとして再分配、財政政策、経済成長などのワードが表3に登場しています。また、表3には、図2に示された日本人研究者の多くが取り組んできたその他のテーマ（税、公共財、政治経済、政府間財政関係、税競争）も含まれています。これらから、日本人研究者が取り組んできたテーマは、世界の潮流と大きな差がなかったことがうかがえます。ただし、一つだけ違う点として、海外研究者に比べて、日本人が書いた論文のうち、脱税や地下経済・汚職・犯罪をテーマにしたものが少ないことが挙げられます。これらはＩＴＡＸでは特に頻繁に取り上げられ、税回避や税コンプライアンスもトップテンに含まれています。ＪＰＵＢＥでも七番目に多く登場するキーワードとなっています。

表4　将来有望な研究分野（2002年時点）

① 環境とセカンドベスト政策
② 高齢化
③ 民営化と政府の範囲
④ 開放経済モデルのもとでの税と支出政策
⑤ 最適社会保障制度の設計
⑥ 税制変更に対する家計と企業の反応
⑦ ライフサイクルモデルのもとでの税と支出
⑧ 安全保障

3　公共経済理論のこれから

(1) 二〇年前の二〇年後

公共経済学の理論研究のこれからを考えるにあたって、はじめに、二〇年前の研究者はどのように将来を予想していたのかを振り返ってみましょう。ジェームス・ポターバが二〇〇二年に「公共経済学の最近の進展と将来展望」という論文において、（二〇〇二年の時点からみた）将来的に有望な研究テーマとして、表4に示した八つを挙げています（Poterba, 2002）。

ポターバの予想を二〇年後の今振り返ってみると、予想どおりの進展をみせて多くの研究者が論文を書いてきた分野がいくつかあります。例えば、② 高齢化や⑤ 最適社会保障制度の設計に関する研究は、日本人研究者を含めて、世代重複モデルを使って多くの研究がなされました。また、④ 開放経済モデルのもとでの税と支出政策に関する研究も、税競争をキーワードにして理論と実証の両面から研究の蓄積が進みました。そして、最も大きく発展したのは、⑥ 税制変更に対する家計と企業の反応に関する実証研究でしょう。この分野を牽引したエマニュエル・サエズとラジ・チェティはともに米国経済学会のジョン・ベイツ・クラーク賞を受賞するに至っています。[8] 他方で、①環境とセカンドベスト政策、③民営化と政府の範囲、⑦ライフサイクルモデルのもとでの税と支出、⑧安全保障の四分野については、本章で取り上げているＪＰＵＢＥ、ＩＴＡＸ、ＪＰＥＴに限っていえば、テーマの上位に挙がっていません。それらについての研究は、環境経済学や産業組織、国際関係論などの分野の学術雑誌に掲載されているのかもしれません。

表4には含まれていませんが、多くの公共経済学・財政学者が研究したテーマがあります。それが、脱税や税のコンプライアンス、徴税など税務に関わる問題です。先述したとおり、表3（ｂ）によれば、脱税がここ一〇年ほどの間で最も多くキーワードとして挙げられており、トップテンの中に税回避や税コンプライアンスというキーワードが含まれています。この分野を世界的に牽引したのがガブリエル・ズックマンであり、彼は家計と企業の脱税と税回避行動に関する実証研究とそれを格差問題に結びつけた公共経済学分野での貢献を理由に二〇二三年度のジョン・ベイツ・クラーク賞を受賞しています。[9]

(2) 二〇二四年の二〇年後

ポターバの予想は意外に成績が良い気もしますが、少なくともここ一〇年の間に最も多くの論文がキーワードとしたトピックを予想の外に置いていたことからもわかるとおり、「将来の予測は難しい（大竹、二〇一〇）」です。そもそも、上がる株がわかっていればとっくに買っているのと同様に、将来注目される重要な研究テーマがわかっていれば皆がやっているはずです。そこで本章では、「研究者は、自分が重要で面白いと思う研究テーマに取り組んで、きちんとした学術レベルの成果を一歩ずつ生み出していくべきだ（大竹、二〇一〇、五三頁）」という意見に倣い、筆者の狭い関心に絞って、公共経済学研究のトピックとして個人的に重要だと考える事柄を三つ挙げてみることにします。

経済のデジタル化

公共経済理論、および財政理論の中核をなしてきたのが最適課税理論です。誰もが知るフランク・ラムゼイによる課税理論に始まり、ピーター・ダイアモンドやジェームス・マーリーズらによって発展してきた最適課税理論では、財や労働といった古典的ミクロ経済理論で扱う要素を含んだモデルを使って最適な税体系を解明する貢献をなしてきました。それらの理論は、閉じた一国経済下での静学的最適課税研究から、異時点間の資源配分を伴う動学経済下、さらに国境をまたいだ要素の移動や取引が可能になった複数国からなるグローバル経済下での最適課税の研究へと発展する礎になりました。ノーベル経済学賞受賞者を輩出するに至る貢献をなした最適課税理論研究ですが、それが開発された時代の環境から、今の時代には当たり前となっている、電子商取引やオンラインショッピングといった取引方法が分析の中に含まれていません。どこで何をどのくらい購入するかという選択に加えて、消費者はどうやって購入するかという選択を新たに与えられる時代になりました。また、サーチエンジン、ソーシャルメディアサービス、オンラインマーケット、デジタルコンテンツストリーミング、オンラインゲーム、クラウドコンピューティング、オンラインターゲット広告など、さまざまなデジタルサービスも分析に含まれていません。新たな選択肢とサービスの登場によって、当時の最適課税ルールが現在においても最適であり続けるのかはよくわかっていません。

最適課税理論の研究において重要な要素の一つは情報問題です。古典的な例は、労働者の能力に関して政府と労働者の間に情報の非対称性があるときの最適所得税の設計問題があります。また、越境取引を行う消費者の居住地や消費地に関する情報を政府が持たない場合の最適物品税の設計問題も、移動費用の低下や経済のグローバル化に伴って関心を集めてきました。後者についていえば、購入者の居住地や消費地に関する情報がなければ、理論的に望ましいとされる仕向地原則に基づく課税を行うことができず、次善の策として、原産地原則に基づく課税がなされることになります。しかし、オンライン上での取引の登場は、課税政策を変える可能性があります。それは、消費者が外部に対して自ら提供する情報量が増えるからです。ある消費者が近所の書店で公共経済学に関する本を買うとき、その消費者は名前や住所など、自分の正体を店側に明かしません。他方で、同じ消費者がインターネットを通して同じ本を買うときには、少なくとも住所や氏名の情報を販売者に提供しています。そうなると、店側は消費者の居住地に関する情報を持つことになりますし、政府はオンラインで財やサービスを販売する店が、消費者の氏名や居住地に関する情報を持っていることがわかります。電子商取引の登場と発展は、情報に関する新しい状況を生み出すので、必然的に最適課税のあり方も変更を余儀なくされるはずです。

また、デジタルサービスを供給する巨大デジタルプラットフォームの登場は、これまで「ＰＥ

（Permanent Establishment：恒久的施設）なくして課税なし」とされてきた国際課税原則の転換を迫ることになっています。標準的な公共経済理論が想定してきた財やサービスは、どこかに店舗や販売所といった物理的な施設があり、消費者はそこから購入するということを暗黙裡に想定してきました。しかし、オンライン上で取引が完結し、また瞬時に世界中に提供できるデジタルサービスはそのような施設を必要としません。そうなると、そのような施設があるものとして構築されてきた最適課税の設計も変更を余儀なくされることになります。

日本では、国外事業者が国境を越えて行う電子書籍・音楽・広告の配信等の電子商取引に対する消費税の取り扱いの制度が平成二七年に変更されました[10]。それまでは国外の事業者に対して日本政府が課税するのは難しいことから、日本の消費者が電子商取引を通じて国外事業者から財やサービスを購入した場合には消費税の支払いがなされていませんでしたが、新たな制度の下では、国外事業者が日本政府に対して申告納税を行う仕組みになりました[11]。海外でも類似の変化が起きています。米国では一九九二年の最高裁判所による判例（Quill Corp. v. North Dakota）に基づき、州政府が税を徴収できるのは、州内に恒久的施設を持つ納税者に対してのみと定め、いわゆる原産地課税原則をルールとしてきました。しかし、二〇一八年に米国最高裁判所はこの決定を覆し（South Dakota v. Wayfair）、州内の住民に対して、州内に恒久的施設を持たないままインターネット上で商品やサービスを販売する州外の業者から、州政府が売上税を徴収することを可能にしました。これにより、越境電子商取引に対しては仕向地原則課税を適用する道が開かれたのです。

国際的には二〇二一年秋に、経済のデジタル化に伴う課税上の課題に対応する「二つの柱（BEPS2.0）」が世界一三〇以上の国の間で合意されました[12]。これにより、インターネット上で恒久的施設を持たずに巨額の収益を得る企業の利益に対して、各国が課税できるルールが定められました。当時の麻生太郎財務大臣は、「一〇〇年ぶりくらいの大きな歴史的変化」と述べ、この合意に基づく大きな課税ルールの変更が起こっていることを強調しています[13]。現実の課題に対応するため、実務の世界での課税政策が大きく変化するなか、公共経済学における課税、規制、および関連する理論も経済のデジタル化を明確に取り扱う方向への発展が要求されるでしょう[14]。

税務研究

第2節（3）項では、日本人研究者が取り組むテーマと国際誌に掲載される論文が扱うテーマの間での顕著な違いの一つに、脱税や税コンプライアンス、地下経済といった税務に関わる問題があることを指摘しました。日本人研究者による研究が少なかったのは、分析に使えるデータが限られているという問題があったと思われます。そもそも日本ではそれらが社会的にあるいは政策的に大きな課題であるという認識が低かったのかもしれません[15]。実際に、地下経済の規模を推定するいくつかの研究によれば、日本はその規模がかなり小さそうです[16]。古典的な研究としては、例えば、Frey and Weck-Hanneman（1984）がありま す。そこでは、一九七八年当時のＯＥＣＤ一七か国のＧＮＰに対する地下経済の規模を推定していますが、その値は米国で一三・二％、ＯＥＣＤ平均で八・三％であるのに対して日本はわずか四・一％と推定されています。より広範な国を対象に一九九九―二〇〇七年の期間のデータをもとにしたSchneider et al.（2010）でも、世界一六二か国の中で日本の地下経済規模のＧＤＰ比は五番目に低いことが示されています（最小はスイスの八・六％、最高はボリビアの六六・四％で、日本は一〇・八％）。[17] 国内では社会的な問題と認識されないので研究テーマとして選ばれにくいというのは自然なことなのかもしれませんが、海外の研究者の視点に立てば、なぜ日本の脱税や地下経済の規模が小さいのか、それは制度設計がうまくできているからなのか、それとも規範やモラルが原因となっているのかといった点は研究対象になりえます。さらにいえば、税回避やコンプライアンスについては、理論研究にこそ新たな研究領域が広がっています。Allingham and Sandmo（1972）にはじまる脱税に関する理論研究は、期待効用理論をベースにして一九七〇年代に盛んに行われました。しかし、その後は長らく大きな理論的な展開がなされていません。新たに登場した行動経済理論の力を借りて、脱税に関わる理論が再構築されるタイミングにあるといえます。[18]

また、非合法の脱税は少ないにしても、法律の範囲内での税回避行動は日本でもみられますし、そこから有用な政策情報を提供する税務に関する研究が増えることも期待できます。それは、行政と学術界の関係者のご尽力により、国税庁が保有する行政記録情報の利用が可能になるなど、税に関する情報を含む個票データの利用可能性が広がり始めているからです。[19] 世界的に関心が高い税務行政の話題について、日本のデータを用いて世界に向けて発信する研究が増えていくことでしょう。[20]

政府の目的と政策形成

家計や企業と同様に、政府を一つの経済主体として分析するためには、一般的には、分析者が政府に対して目的関数を与えることになります。公共経済学の生みの親である財政学は、大きく分けて二つの政府像を提示しています。一つは、ピグー流の財政学（Pigouvian public finance）において想定される「良い」政府です。ここでは、社会の厚生、あるいは動学的分析であれば経済成長などを重視する政府が想定されます（Musgrave, 1959）。もう一つは、ネオ・ホッブス流の財政学（neo-Hobbesian public finance）において想定される「悪い」政府です。ここでは、政治家や官僚の利己的動機を重視する政府が想定されます（Brennan and Buchanan, 1980）。多くの公共経済理論研究では、いずれか一方の立場から政府の目的関数を「仮定」してきました。しかし、この「仮定」の置き方によって、理論研究の結果をもとに導く政策含意がまったく逆になってしまうことがあり、それが政策評価を困難にする場合があります。典型例は、税競争に関する評価です。一九八〇年代半ばに始まった税競争理論では、地域間を移動する要素に各地域政府が自由に税を課す（補助金を支給する）と、それらの要素が移動しない場合に比べて税率が低くなるという性質が広く知られています。その場合、かりにピグー流財政学の立場に立つならば、どんなに「良い」地域政府であったとしても、税競争に巻き込まれると税率が「良い（＝パレート最適な）」水準から下がってしまうので、税競争は抑制すべきものとなります。他方で、ネオ・ホッブス流財政学の立場に立つならば、そもそも「悪い」政府は「悪い（＝パレート最適水準よりも高い）」税を課すので、税競争による税率低下は歓迎すべきものとなります。この例からわかるように、理論研究による精緻な結果を得ても、また実証研究によって税競争の存在を特定できても、政府の目的がしっかり定まらないと、税競争の評価が難しいのです。

ネオ・ホッブス流財政学が想定するレバイアサン的な政府が存在するのかを問うたワルラス・オーツや社会厚生関数を計測するニコラス・スターンやアーノルド・ハーバーガーの研究のように、政府の目的関数をデータから再現しようとする試みはあります。[21] しかし、理論研究者が理論モデル構築で政府の目的関数を統一的に仮定できるには至っていません。その間にも現実は動いています。ポピュリズムや排外主義的な政策の広がり、権威主義的な国家の勢力拡大といった現象を我々は観察しています。どのような制約や環境のもとで、このような政策決定者や統治機構が出現するのでしょうか。政府の目的関数を単なる仮定にとどめておかず、政策決定者はどのような状況においてどのような目的を追求することになるのかを問う研究は、理論的アプローチの強みを発揮できるテーマです。[22] さらに、このような研究は公共政策の実証研究とも関係します。典型的な実証研究では、何らかの政策変更を説明変数にして、家計や企業、地方自治体などの反応を考察します。このとき問題になるのが政策変更の外生性です。内生的に政策決定者、および政策決定者の目的が決まるとすれば、政策変化も外から与えられたものにとどめておかないほうがよい状況も生まれるでしょう。政府の目的に関して一歩踏み込む研究は、政策形成や政策変更の過程とメカニズムを説明することにもなります。いわば、政策変更を被説明変数にして、それが何によって説明されるかを明らかにする研究であるともいえます。

幸いなことに、ポピュリズムの台頭といった、これまで公共経済理論で分析がなされてこなかった問題に取り組む、新しい理論を構築する研究が日本の若手研究者から出始めています[23]。それらの研究の特徴は、情報とゲーム、あるいは意思決定理論に関する最先端の手法を使って政治的現象を公共経済研究に取り組んで分析する点にあり、次の世代の公共経済理論研究として注目すべきでしょう。

4　おわりに

本章は、経済理論の「死」に関する話題から始めました。経済理論が死んでいるのかどうかはともかく、「理論」だけでトップ雑誌に掲載される論文の数が減って「実証」研究の重要度が増しているのは確かでしょう。実証研究のプレゼンスが高まってきた背景を考えてみると、公共経済理論研究者は実証研究の分析方法から学ぶべきことがあります[24]。実証研究は「信頼性革命」によって大きく様変わりしました（Angrist and Pischke, 2010; 大塚ほか、二〇二三）。特に、内的妥当性と外的妥当性を担保するために工夫を重ねて、分析結果の説得力を増す真摯な努力には頭が下がる思いです。理論研究においては、どちらかというとアイデアやメカニズムの面白さを重視してきましたが、それは維持しつつも、もう少し実証研究で起きた「革命」に学んで、分析の妥当性や導いた結果やメカニズムの説得力を増す努力を行うことで「理論研究」への信頼性を高められる余地があります。特に、公共経済理論のような応用理論分野では、実証研究や実験研究者を読者として想定して、それらの研究者が観察可能なデータを使って何を被説明変数にし、どのような制御を行うと理論研究で導く仮説を検証できるのかを意識して研究成果を示すことはその一歩でしょう。

「実証」アプローチをとる財政学や公共経済学研究者からみると「理論」研究者が気の毒に思われるかもしれませんが、実のところ、理論研究者は一歩先を行っているだけともいえます。表1に戻るとわかりますが、「実証研究（borrowed data）」の掲載割合も、「理論研究」がピークを迎えた一九八三年から遅れること一〇年、一九九三年をピークに減少を続けているのです。これは、国際的な学術雑誌への論文掲載という形で学術的貢献を果たしていくためには、理論研究だけでなく、公共経済学に関わるテーマを分析する実証研究も進化する必要を示しています。さらに、機械学習を用いた公共政策研究の登場は分析アプローチの分類そのものを根本から問い直す可能性があります。公共経済学に限らず「理論研究」「実証研究」「実験研究」といった枠組み自体が今後どうなるかわかりません。

本章では、これから一〇―二〇年程度の間で、公共経済学分野の理論研究として個人的に関心を持つ領域を三点挙げました。少し長い目で見ると、もう一つ理論研究が開拓できる余地が大きい分野があります。それは所得の再分配に関する研究です。リチャード・マスグレイブが著書の中で示した政府の三つの役割は、「資源配分の効率化」「経済の安定化」、そして「所得再分配」です（Musgrave, 1959）。どちらかというと規範的な議論が多かった「財政学」における「資源配分の効率化」に関わる政策分析に対して、徐々にミクロ経済学的な基礎が求められるようになり、それとともに、ミクロ経済理論を使った実証的な分析も増えていきました。また、ＩＳ–ＬＭ分析を基軸にして「安定的な経済成長」の研究を担ってきた財政学に対しても、経済主体の行動に対するミクロ経済学的基礎が求められるようになりました。このようにミクロ経済理論をフルに活用するようになっていくなかで、政府の役割のうちの二つが財政学から独立する形で公共経済学という新たな学問領域が形成されてきました（Dreze, 1995）。他方で、「所得再分配」に関する研究は、「資源配分の効率化」と「安定的な経済成長」に関する研究に比べると、ミクロ経済学的基礎を持った研究の蓄積が進んでいないように思われます。「公平観」が絡む難しい研究分野ではありますが、この領域での理論研究が大きく進展すると、ようやく公共経済学が、その親ともいえる財政学から自立できたといえるようになるのでしょう。

最後に、改めて図1に戻って本章を閉じることにします。図1で示したとおり、一九九〇年代以降、日本人研究者による国際学術誌への論文掲載数は増えました。その流れは、二〇二〇年代に入ってより一層強くなっており、大変心強い傾向を示しています。対象とする雑誌を一〇誌に増やしても、日本人研究者による掲載論文数は確実に増えており、国内の研究者の層が厚くなっていることを感じさせます。[25]また、表1で示された「理論研究」の減少は底を打ち、これから理論研究の反転攻勢が始まる可能性もあります。実際に、表1のデータを二〇二二年まで拡張してみると、数字のうえでは「理論研究（シミュレーションを伴うものも含む）」の割合は下げ止まっており、二〇一一年の二七・九％から二八・一％にわずかながらも増えています。[26]今後研究が進むと期待される領域に関する予想は確信を持てません。しかし、次の二〇年間はこれまで以上に、公共経済学分野において、日本人の理論研究者による国際的な場での研究成果の公刊が増えることは確信しています。

謝辞：関西公共経済学研究会で討論者を務めていただいた松本睦氏（名古屋大学）には、多様なデータを提供していただくなど、非常に丁寧なコメントを賜りました。また、本章の作成にあたり、西森晃氏（南山大学）から有益なコメントをいただき、データ収集には土屋亮太氏（東京大学大学院博士課程）にご協力いただきました。ここに記して感謝申し上げます。

【注】

1　Noa Smith, The death of theory?（August 5, 2013）（http://noahpinionblog.blogspot.com/2013/08/the-death-of-theory.html）.

2　Paul Krugman, What killed theory? New York Times（August, 5, 2013）；および David Wilson, Economic theory is dead. Here is what will replace it.（12 January 2016）（https://evonomics.com/economic-theory-is-dead-heres-what-will-replace-it/）を参照のこと。これに対して、トニー・イェイツはマクロ経済理論を念頭に、もし現状の経済理論が死んだ状態であるとするならば、マクロ経済理論は遥か昔からずっと死んだ状態だったことになるという意見を発表しています。詳しくは以下を参照してください。Tony Yates, Theory is dead; long live theory（August 6, 2013）（https://longandvariable.wordpress.com/2013/08/06/theory-is-dead-long-live-theory-summer-silly-season/）.

3　日本人であるかどうかは氏名から判断しています。

4　Journal of Public Economicsは一九七二年に創刊されました。それより古く（あるいは同時期）に発刊された雑誌としてFinanzArchiv（一八八四年創刊）、National Tax Journal（一九四八年創刊）、Public Finance/Finances Publiques（一九六九年創刊、一九八九年廃刊）、Public Finance Review（旧Public Finance Quarterly, 一九七三年創刊）、Fiscal Studies（一九七九年創刊）があります。International Tax and Public Finance はInternational Institute of Public Finance の学会誌で一九九四年に、Journal of Public Economic Theory はAssociation for Public Economic Theory の学会誌で一九九九年に創刊されました。なお、Public Choice（一九六六年創刊）、European Journal of Political Economy（一九八五年創刊）、Economics of Governance（二〇〇〇年創刊）といった公共選択・政治経済学系、およびRegional Science and Urban Economics（旧Regional and Urban Economics, 一九七一年創刊）やJournal of Urban Economics（一九七四年創刊）といった都市経済学や地域科学系の雑誌にも、日本人公共経済学者による優れた研究が発表されていることには触れておかなければなりません。

5　他分野の雑誌と相対化するために日本経済学会の学会誌であるJapanese Economic Review のスコアを見てみると、同期間の平均は〇・三一となっています。また、Ham et al. (2021) の表1によれば、（米国経済学会とエコノメトリックソサエティが刊行する新雑誌を含み、ファイナンス系雑誌とサーベイ論文を主にした雑誌を除いた）経済学分野の中でＪＰＵＢＥは二五位、ＩＴＡＸは七九位、ＪＰＥＴは八九位にランクされています。

6　一つの研究が必ずしも一つのトピックのみを扱っているわけではないのですが、本章では、論文の概要とキーワードなどをもとに、やや無理をして一つの論文を一つのトピックに分類しています。例えばＯＬＧモデル、社会保障、公共投資、財政維持可能性、経済成長といったことを扱う研究は「マクロ財政・経済成長」、最適課税、帰着、税制改革などを扱う研究は「税」、移転価格、利益移転、関税などを扱う研究は「国際課税」、地方分権、ソフトな予算制約、市町村合併などを扱う研究は「政府間財政関係」、投票、

7　レントシーキング、官僚、グループコンテスト、メディアなどを扱う研究は「政治経済」に分類しています。ただし、このような分類方法のもとでは筆者の主観が入る余地がある点には留意が必要です。
8　六位以下は、ＪＰＵＢＥが利他性、脱税・汚職・犯罪、不平等、税競争、教育となり、ＩＴＡＸが税コンプライアンス、法人税、税回避、最適課税、政府間財政関係、社会保障・公債となっています。
9　両者の公共経済学における貢献は、Bernheim（2010）とFeldstein（2014）を参照してください。
10　ズックマンの研究上の貢献についてはSaez（2024）を参照してください。
11　財務省ホームページ（https://www.mof.go.jp/tax_policy/summary/consumption/134.htm）。
12　直近では、海外の事業者が日本国内で販売するアプリにかかる消費税について、事業者ではなくプラットフォームに代行させる法改正も検討されています。例えば、「海外スマホゲームの消費税、ＩＴ大手に納税義務」日本経済新聞（二〇二三年一一月一四日）を参照してください。
13　ＯＥＣＤホームページ（https://www.oecd.org/tax/beps/）。
14　金融庁ホームページ「麻生副総理兼財務大臣兼内閣府特命担当大臣、黒田日本銀行総裁共同記者会見の概要」。（令和三年七月一〇日）（https://www.fsa.go.jp/common/conference/minister/2021b/20210710-1.html）。
15　電子商取引の進展が地方財政に与える影響に関する研究は実証分析が先行しており、欧米の実証地方財政のホットトピックになっています。それに対して、理論研究はBacache-Beauvallet（2018）とAgrawal and Wildasin（2020）らによって研究が始まった段階にあります。
16　日本を対象にした研究がなかったわけではありません。この分野の先駆的研究としてOnji（2009）とHasegawa et al.（2013）があります。
　税に限らず、公共料金の支払い逃れも日本は少なそうです。Besfamille et al.（2023）によれば、米国、フランス、イタリア、オーストラリアなどで調査対象になった八都市の平均で、公共交通料金の無賃乗車率は二二・六％（最も低いオーストラリアのメルボルンで八％、最も高いイタリアのレッジョ・ネレミリア（イタリア）で四三％）となっています。日本では広島電鉄が乗務員のいない扉から自由に乗り降りする制度に移行した後に、無賃乗車率が〇・八％から一・一％に増えたという記事がありますが、諸外国に比べれば桁が違う低い水準にとどまっています（中国新聞、二〇一九年三月一一日「全扉降車で「ただ乗り」増」）。

17　「地下経済」の捕捉は難しく、論文によってその定義も異なります。Schneider et al.（2010）では、国際比較を可能にするために、（ⅰ）所得税や付加価値税の納付の回避、（ⅱ）社会保険料の納付の回避、（ⅲ）法的に定められた労働環境の不順守（最低賃金の未払いや法律で定められた労働時間を超えた労働など）、（ⅳ）行政手続きの回避という四項目で分析しています。

18　Hashimzade et al.（2013）は、そのような試みの初期段階における研究を整理しています。

19　国税庁のホームページ（https://www.nta.go.jp/about/organization/ntc/kyodokenkyu/）を参照してください。このほかにも、「経済セミナー」（日本評論社）において二〇二二年六月号から連載されている「行政データと実証経済学：東京大学CREPE自治体税務データ活用プロジェクトの実践」では、日本でも進み始めた自治体税務データを活用した研究が紹介されています。

20　例えば、ミクロデータを入手し、消費税の免税制度における免税の臨界点の変更というイベントを使って事業者の直面する税務手続き費用の大きさを定量的に明らかにするSuzuki and Kawakubo（2021）、Kawakubo et al.（2022）などは、今後の研究の発展が期待される税務行政をテーマにした研究の良い例です。

21　前者についてはOates（1985）、後者についてはTresch（2014）の第4章を参照してください。

22　さらにいえば、政府が使う（使える）政策手段に関する制約を分析する研究も同様のことがいえます。政策手段が一つしかない時と複数ある時では均衡の結果は変わります。ある政策手段を使えない（使わない）ことを問う理論研究の必要性は Agrawal et al.（2022）でも指摘されています。

23　税競争理論においては Persson and Tabellini（1992）, Sato（2003）, Pal and Sharma（2013）などが政府の目的を内生化する試みを行っていますが、より数理政治学的な手法を用いてポピュリズムの発生やその伝播、政策決定に関する無関心の高まりをモデル化して政府の目的と政策決定過程を一歩進める研究を行っているものに、Kishishita and Yamagishi（2021）, Kasamatsu and Kishishita（2021）、Kasamatsu et al.（2023）があります。

24　本章では、実験研究アプローチから理論研究者が学ぶことができる点については省略していますが、実験研究と理論研究の関係、特に実験研究の課題と理論研究に果たした役割については、寓話をもとにして経済理論の行く末を論じる神取（二〇一〇）を参照してください。なお、本稿の冒頭に登場したノア・スミスは、方法論に焦点を絞って「理論研究」の死について語っており、本章もそれに従ってきました。しかし、松井（2010）は、「理論」を「ものの見方」としてとらえて、「理論」こそが世界を変える力を持つことを、ヒューム、アインシュタイン、プラトン、ハイネなど偉大な先人の言葉をもとに力強く示してくれています。魅力的な寓話をもとに、今後の理論研究の役割や方向性を示すこれら二つの論考は、公共経済学の理論研究者にも多くの示唆と自身の研究を振り返る機会を与えてくれます。

25　本章で取り上げた三誌に、FinanzArchiv, Public Choice, Economics of Governance, European Journal of Political Economy, Public Finance Review, National Tax Journal および Fiscal Studies の七誌（FinanzArchiv 誌は二〇〇〇年以降のみ）を加えた数字でみると、これら一〇誌に掲載された論文の数は、一九七〇年代の七本に始まり、それ以降の年代ごとに二二本、三〇本、九九本、一五一本と増え続け、二〇二〇年代は二〇二四年八月時点で九六本となっています。

26　なお、「実験」は二〇一一年の八・二%から一八・三%と増える一方で、「実証研究（borrowed data と own data の両方を含む）」は二〇一一年の六三・九%から五三・七%に低下しています。

参考文献

大竹文雄（二〇一〇）「研究テーマの将来予測は難しい」『日本労働研究雑誌』六〇〇、五〇―五二。

大塚啓二郎・黒崎卓・澤田康幸・園部哲史（二〇二三）『次世代の実証経済学』日本評論社。

神取道宏（二〇一〇）「経済理論は何を明らかにし、どこへ向かってゆくのだろうか」日本経済学会編『日本経済学会七五年史――回顧と展望』有斐閣。

本間正明（二〇二一）『日本の財政学』日本評論社。

松井彰彦（二〇一〇）「人間の科学を目指して――帰納論的ゲーム理論への系譜」日本経済学会編『日本経済学会七五年史――回顧と展望』有斐閣。

Agrawal, D. R., & Wildasin, D. E. (2020), "Technology and tax systems," *Journal of Public Economics*, 185, 104082.

Agrawal, D. R., Hoyt, W. H., & Wilson, J. D. (2022), "Local policy choice: theory and empirics," *Journal of Economic Literature*, 60 (4), 1378–1455.

Allingham, M. G., & Sandmo, A. (1972), "Income tax evasion: A theoretical analysis," *Journal of Public*

Economics, 1, 323–338.

Angrist, J. D., & Pischke, J.-S. (2010), "The credibility revolution in empirical economics: How better research design is taking the con out of econometrics," *Journal of Economic Perspectives*, 24 (2), 3–30.

Bacache-Beauvallet, M. (2018), "Tax competition, tax coordination, and e-commerce," *Journal of Public Economic Theory*, 20, 100–117.

Bernheim, D. (2010), "Emmanuel Saez: 2009 John Bates Clark Medalist," *Journal of Economic Perspectives*, 24 (3), 183–206.

Besfamille, M., Figueroa, N., and Guzman, L. (2023), Ramsey pricing revisited: Natural monopoly regulation with evaders, *CESifo* Working Paper no. 10732.

Brennan, G., and Buchanan, J. (1980), *The Power to Tax*, Cambridge University Press.

Davies, R. B., Studnicka, Z. (2023), A review of submissions to International Tax and Public Finance, 2010–2020, *International Tax and Public Finance*, 30 (4), 1185–1201.

Dreze, J. H. (1995), "Forty years of public economics: A personal perspective," *Journal of Economic Perspectives*, 9 (2), 111–130.

Feldstein, M. (2014), "Raj Chetty: 2013 Clark Medal Recipient," *Journal of Economic Perspectives*, 28 (2), 143–152.

Frey, B. S., and Weck-Hanneman, H. (1984), "The hidden economy as an 'unobserved' variable," *European Economic Review*, 26, 33–53.

Ham, J. C., Wright, J., & Ye, Z. (2021), New rankings of economics journals: Documenting and explaining the rise of the new society journals. Available at https://papers.ssrn.com/sol3/papers.cfm?abstract_id=3606030.

Hamermesh, D.S. (2013), "Six decades of top economics publishing: Who and how?" *Journal of Economic Literature*, 51 (1), 62–72.

Hasegawa, M., Hoopes, J. L., Ishida, R., & Slemrod, J. (2013), "The effect of public disclosure on reported taxable income: Evidence from individuals and corporations in Japan," *National Tax Journal*, 66 (3), 571–607.

Hashimzade, N., Myles, G. D., & Tran-Nam, B. (2013), "Applications of behavioural economics to tax evasion," *Journal of Economic Surveys*, 27 (5), 941–977.

Kasamatsu, S., and Kishishita, D. (2021), "Tax competition and political agency problems," *Canadian Journal of Economics*, 54 (4), 1782–1810.

Kasamatsu, S., Susa, T., & Kishishita, D. (2023), Affluence and influence under tax competition: Income bias in political attention. SSRN Working Paper Series, No. 4562813.

Kawakubo, T., Suzuki, T., & Asao, K. (2022), Tax avoidance or compliance costs avoidance? Evidence from VAT reforms in Japan, PRI Discussion Papers, 22A-02.

Kishishita, D., & Yamagishi, A. (2021), "Contagion of populist extremism," *Journal of Public Economics*, 193, 104324.

Mertzanis, C., Alshater, M., Marashdeh, H., & Atayah, O. (2022), Public economics through the lens of 'Journal of Public Economics': A Fifty-Year Review. Available at SSRN: https://ssrn.com/abstract=4182564.

Musgrave, R. A. (1959), The Theory of Public Finance: A Study in Public Economy, McGraw-Hill.

Oates, W. E. (1985), "Searching for Leviathan: An empirical study," *American Economic Review*, 75 (4), 748–757.

Onji, K. (2009), "The response of firms to eligibility thresholds: Evidence from the Japanese value-added tax," *Journal of Public Economics*, 93 (5–6), 766–775.

Paldam, M. (2021), "Methods used in economic research: An empirical study of trends and levels," *Economics*, 15 (1), 28–42.

Pal, R., & Sharma, A. (2013), "Endogenizing governments' objectives in tax competition," *Regional Science and Urban Economics*, 43 (4), 570–578.

Persson, T., & Tabellini, G. (1992), "The politics of 1992: Fiscal policy and European integration," *Review of Economic Studies*, 59 (4), 689–701.

Poterba J. M. (2002), "Recent developments in and future prospects for public economics," *American Economist*, 46 (2), 20–30.

Saez, E. (2024), "Gabriel Zucman: Winner of the 2023 Clark Medal," *Journal of Economic Perspectives*, 38 (2), 227–244.

Sato, M. (2003), "Tax competition, rent-seeking and fiscal decentralization," *European Economic Review*, 47 (1), 19–40.

Schneider, F., Buehn, A., & Montenegro, C. E. (2010), "New estimates for the shadow economies all over the world," *International Economic Journal*, 24 (4), 443–461.

Suzuki, T., & Kawakubo, T. (2021), Are SMEs avoiding compliance costs? Evidence from VAT reforms in Japan, RIETI Discussion Paper, 21–E–090.

Tresch, R.W. (2014), *Public Finance: A Normative Theory*, Academic Press.

日本の財政(歳出・歳入)の在り方

日本の財政政策の来し方行く末

土居　丈朗
（慶應義塾大学経済学部教授）

1　日本財政・名（迷）言ベストテン

関西公共経済学研究会20周年を祝して、本章では、二〇〇一年からのおよそ二〇年間における日本の財政でのさまざまな取り組みを、日本財政・名（迷）言ベストテンと題して振り返りながら、同時代の記録としてとどめることを目的とします。本書の中で本章は、歳出分野に絞って扱います。

ランキングは、筆者が勝手に評価したものです。本章で挙げたもの以外に重要なイベントや名言、迷言が、我が国の財政であったとすれば、その批判は甘受します。

本章で取り上げる二〇〇一年からの我が国の歴代内閣と景気循環[1]についてまとめたのが表1です。二〇〇一年からのおよそ二〇年間で、一〇人の首相が内閣を組閣し、経済財政政策や諸制度の改革に取り組みました。二〇〇九年九月から二〇一二年一二月までは民主党政権でしたが、それ以外の時期は、自由民主党と公明党の連立政権が続きました。その間、ＩＴバブル崩壊、リーマンショックに端を発した世界金融危機、東日本大震災、新型コロナウイルス感染症の流行による災難（コロナ禍）が発生した際の景気後退期がありました。ただ、二〇〇二年一月から始まる第一四循環から数えて、二〇二三年一二月までで、景気後退期は四〇か月だけで、残る二二四か月は景気拡張期にありました。

本章は、本書において他の章と様相を異にした内容にみえるかもしれません。とはいえ、近年の財政学・公共経済学における学術研究では、イベント・スタディが取り上げられることが増えています。計量経済学の手法として、Difference in Differences（DID：差分の差分法）や Regression Discontinuity Design（RDD：回帰不連続デザイン）の発達がその背景にあります。イベント・スタディでは、政策決定や制度変更の詳細やそれに至った経緯について理解していなければ、的確な考察はできません。また、そもそもそうしたイベントがあったこと自体を知らなければ、分析対象とすることさえできません。その観点からいえば、本章において取り上げる二〇〇一年からのおよそ二〇年間における日本の財政でのイベントは、今後研究者が学術研究で焦点を当てることができるものとなるかもしれません。その意味において、本章が今後の学術研究に資するものになることを期待します。

表1　2001年以降の歴代内閣と景気循環

		内閣	景気循環
2013年		安倍（第2次）	景気拡張
2014年	12月	安倍（第2次）→安倍（第3次）	景気拡張
2015年		安倍（第3次）	景気拡張
2016年		安倍（第3次）	景気拡張
2017年	11月	安倍（第3次）→安倍（第4次）	景気拡張
2018年	10月	安倍（第4次）	景気拡張→景気後退
2019年		安倍（第4次）	景気後退
2020年	9月	安倍（第4次）→菅義偉	景気後退→景気拡張
2021年	10月 11月	菅義偉→岸田（第1次）→岸田（第2次）	景気拡張
2022年		岸田（第2次）	景気拡張
2023年		岸田（第2次）	景気拡張

		内閣	景気循環
2001年	4月	森（第2次）→小泉（第1次）	景気後退
2002年	1月	小泉（第1次）	景気後退→景気拡張
2003年	11月	小泉（第1次）→小泉（第2次）	景気拡張
2004年		小泉（第2次）	景気拡張
2005年	9月	小泉（第2次）→小泉（第3次）	景気拡張
2006年	9月	小泉（第3次）→安倍（第1次）	景気拡張
2007年	9月	安倍（第1次）→福田	景気拡張
2008年	9月	福田→麻生	景気拡張→景気後退
2009年	9月	麻生→**鳩山**	景気後退→景気拡張
2010年	6月	**鳩山**→**菅直人**	景気拡張
2011年	9月	**菅直人**→**野田**	景気拡張
2012年	12月	**野田**→安倍（第2次）	景気拡張→景気後退→景気拡張

（注）　太字は民主党政権

以下、本章で挙げる人物の肩書や組織名は当時のものとします。

2　ベストテン第一〇位～第四位

以下の項では、日本財政・名（迷）言ベストテンとして、第一〇位から順に日本の財政における名（迷）言を、その経緯や背景なども含めて紹介しましょう。

（1）第一〇位：後期高齢者医療制度

第一〇位は、二〇〇八年度に創設された後期高齢者医療制度です。「後期高齢者」という制度名は、人生がもうすぐ終わる、といわんばかりの名称で批判が制度発足時にありましたが、今や人口に膾炙してしまったようです。ちなみに、新語・流行語大賞[2]では、二〇〇八年にトップテン入りしています。

ただ、後期高齢者医療制度は、その前身の老人保健制度より改善されました。老人保健制度では、七五歳以上の高齢者でも、子など被用者保険に加入した親族に扶養されていれば自らが被保険者とならず保険料を払わない人もいれば、親族に扶養されず独立していれば自らが被保険者となって（国民健康）保険料を払う人もいて、それでいて同じように医療サービスの恩恵に浴することができる状態でした。後期高齢者医療制度では、七五歳以上の高齢者は、親族の扶養の有無を問わず全員被保険者として保険料が課されることとなりました。

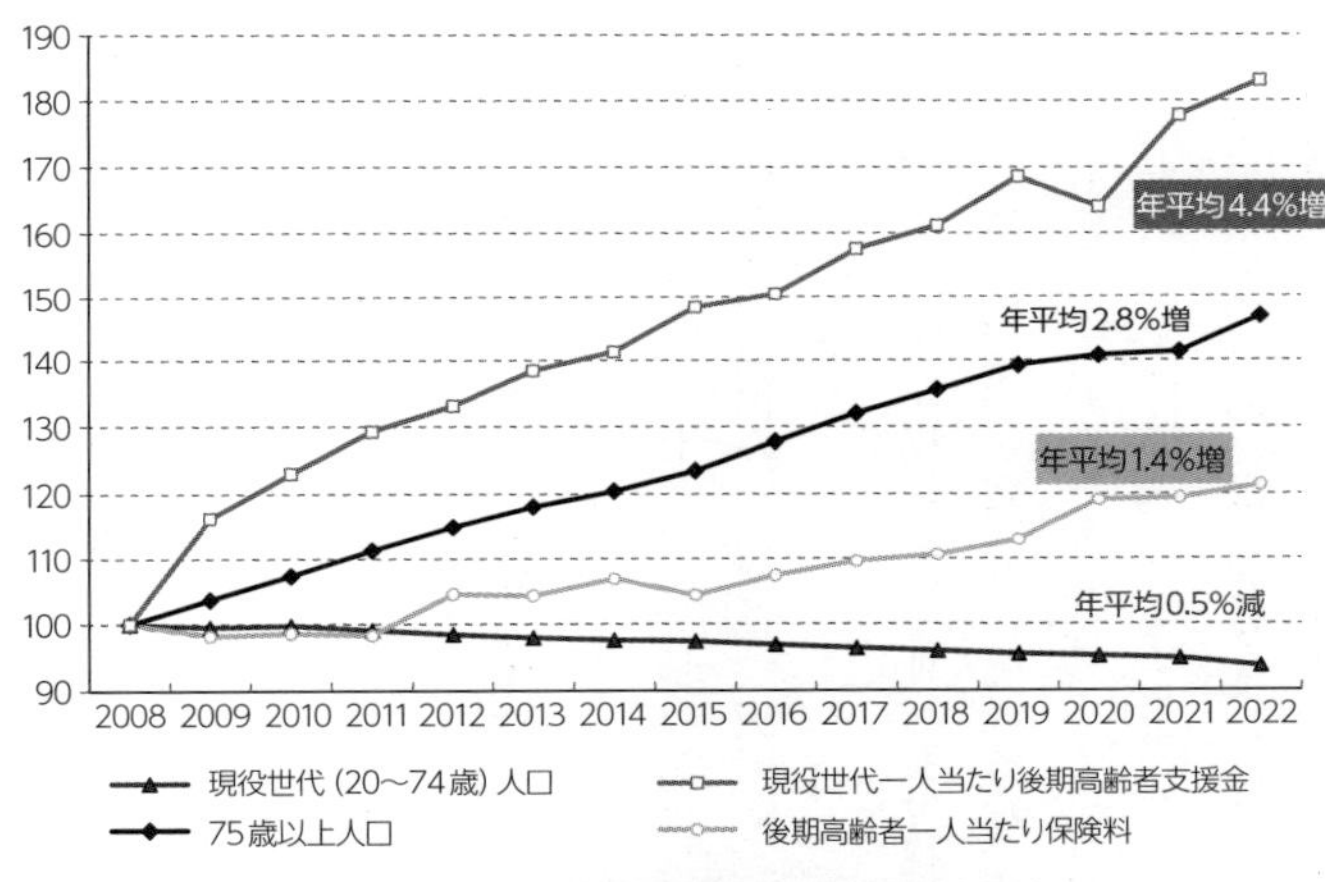

図1　後期高齢者医療制度の保険料と支援金

資料：総務省「人口推計」。「基礎資料集」全世代型社会保障構築会議第7回会合（2022年9月28日）

後期高齢者医療制度の現下の課題は、医療保険にまつわる負担の世代間格差を助長している点です。後期高齢者医療制度の給付財源は、概ね半分が税金（公費）で、残る半分が保険料で、全体の一〇％強が七五歳以上の高齢者が払う保険料ですが、四〇％弱は後期高齢者支援金という形で七四歳以下の被保険者が払う保険料の一部が充てられています。七四歳以下の医療保険料は、被保険者が属する保険における給付にだけ充てられると思いきや、そうではありません。給付反対給付均等の原則に照らせば、被保険者には直接的に恩恵が及ばない七五歳以上の高齢者の医療給付のために、七四歳以下の保険料が後期高齢者支援金の形で用いられています。しかも、図1に示されているように、制度が発足した二〇〇八年度以降、七五歳以上の高齢者の一人当たり保険料の伸びは年平均一・四％なのに対して、七四歳以下の一人当たり後期高齢者支援金の伸びは年平均四・四％と高くなっています。七五歳以上の高齢者が払う保険料と後期高齢者支援金の構成比は、人口動態に合わせて緩やかに変更される仕組みとなっていましたが、結果的に七四歳以下の一人当たり後期高齢者支援金の伸びのほうが大きくなってしまいました。こうした世代間格差を踏まえ、二〇二三年の通常国会において、七五歳以上の一人当たり保険料と七四歳以下の一人当たり後期高齢者支援金の伸び率が同じになるように法改正がなされました。

（2）第九位：交付税の先食い

第九位は、交付税の先食いです。これは、二〇〇〇年度以前からありましたが、話題になった年は二〇〇一年と二〇〇七年です。地方交付税総額は、土居（二〇二一）でも説明されているように、所得税や法人税などの国税の一定割合（法定率）をもとにしつつも、それを上回る金額が国から地方公共団体に配分されています。

図2―1は、当年度における地方交付税総額（決算ベース）をどの原資で賄ったかを示しています。原資としては、国税の法定率分（国税法定分）以外に、地方交付税総額を増やすべく一般会計から特例的に加算された分（一般会計加算等）、交付税及び譲与税配付金特別会計において借入金で賄った分（交付税特会借入金）、交付税特会における剰余金を活用した分（剰余金等活用）があります。一九八〇年代後半のバブル景気の時期には税収が増えたことで、地方交付税総額はほぼ国税法定分で賄われていましたが、一九九〇年代に入りバブル崩壊後には税収が減ったことで国税法定分も減少しました。しかし、国が企画

した景気対策を地方公共団体にも実施してもらうための財源を確保する要請などにより、地方交付税総額を維持し増やすために、交付税特会借入金が（再び）用いられました。その結果、図2―2にあるように、交付税特会借入金残高は、二〇〇〇年度末には約三八兆円に達しました。

この交付税特会借入金は、どのように返済するのでしょうか。それは、図2―2にあるように、地方負担分と国負担分とに分けられています。国負担分とは、地方交付税総額を減らさない形で国の一般会計が返済原資を捻出して返済することを意図しています。地方負担分とは、与えられた地方交付税の原資の中から返済原資を捻出する、つまり返済原資に充てた分当年度の地方交付税を地方公共団体に配分できないものとなります。結果的に、ある年度において交付税特会借入金を原資として地方交付税総額が増やせて、その年度に地方公共団体が地方交付税を受け取れたとしても、その借入金を返済する年度においては、返済する分だけ地方交付税総額が減って、地方公共団体が受け取れる額が減ることになります。これを指して、「交付税の先食い」といわれました。

これが、交付税特会借入金残高が増大する局面で、三位一体改革（国と地方の税財政改革：詳細は後述）に着手しようとした小泉純一郎内閣（二〇〇一～二〇〇六年）のときに話題となりました。

また、第一次安倍晋三内閣において、二〇〇七年度から交付税特会借入金を新規に増やして地方交付税総額を増やすことをやめることにしました。これ以降、交付税特会借入金は本章執筆時に至るまで、地方交付税総額を増やすために新規に用いられることはなくなり、図2―2にあるように、その残高は徐々に減っています。なお、国負担分については、新規に借入金を用いなくなった二〇〇七年度以降は、一般会

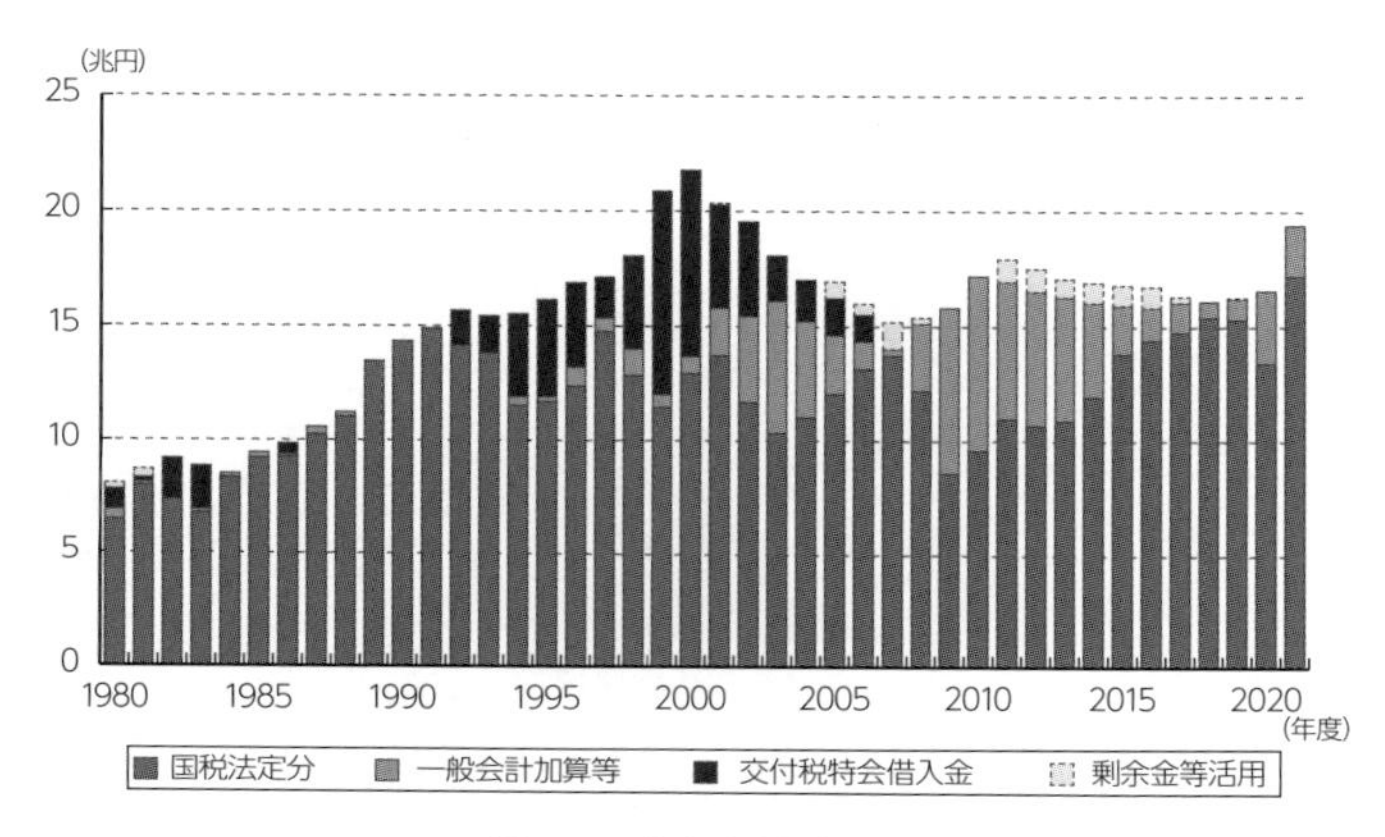

図 2-1　地方交付税総額

出典：土居丈朗『入門財政学（第2版）』日本評論社を更新（https://bit.ly/DoiPbF2）

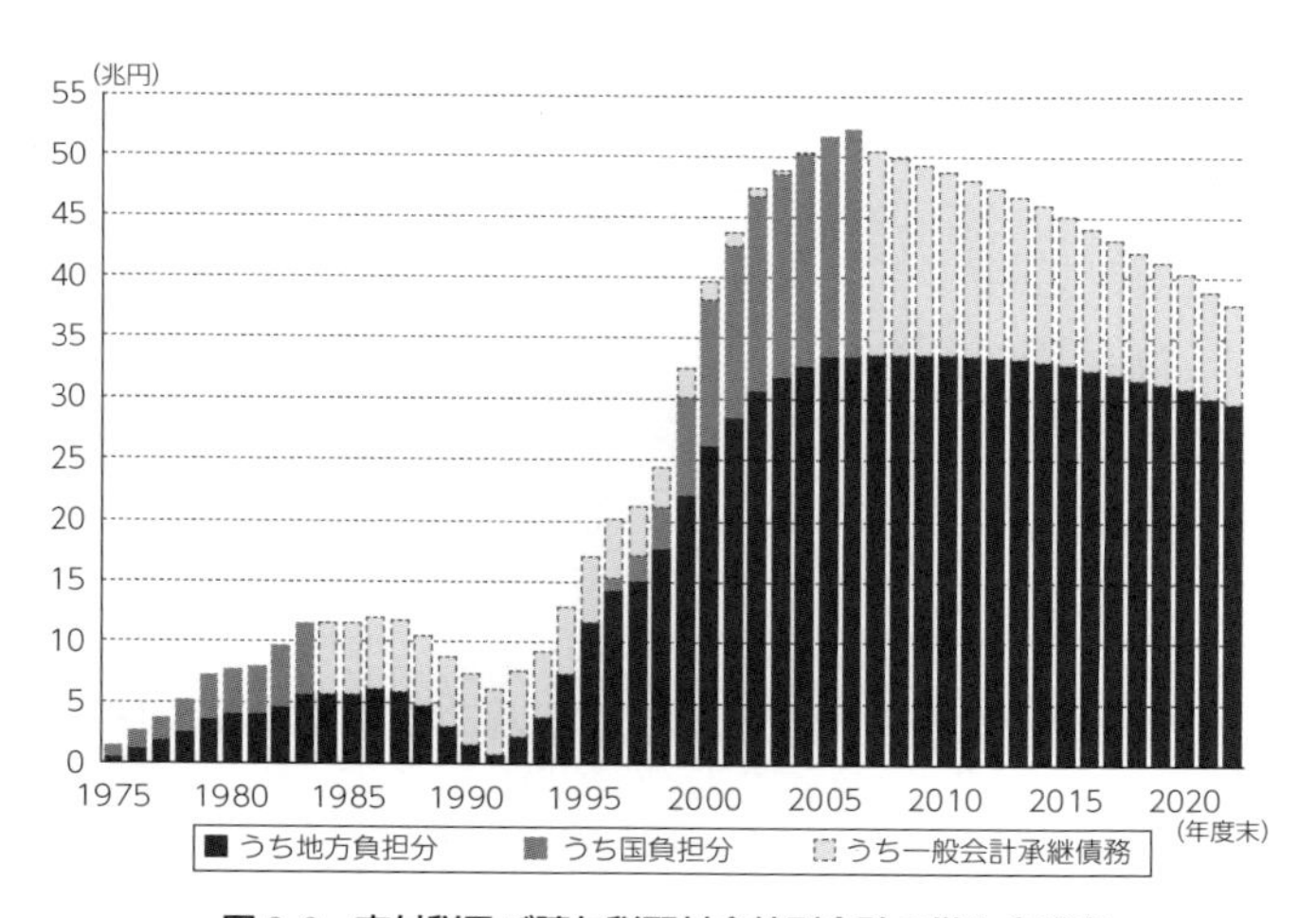

図 2-2　交付税及び譲与税配付金特別会計の借入金残高

出典：土居丈朗『入門財政学（第2版）』日本評論社を更新（https://bit.ly/DoiPbF2）

計が承継する借入金となり、交付税特会から一般会計に移管されました。

(3) 第八位：未納三兄弟

第八位は、未納三兄弟です。二〇〇四年に小泉内閣の下で議論された年金改革に関連して、年金未納問題が話題となりました。公的年金の保険料が未納となっている国民が増えている時期でもありました。年金保険料が未納だと老後にもらえる年金給付が減るため、年金保険料を確実に納めようというキャンペーンを政府が行っていました。

ところが、二〇〇四年の通常国会において年金改革関連法案の審議中、麻生太郎総務大臣、中川昭一経済産業大臣、石破茂防衛庁長官が、国民年金保険料を未納にしていた時期があったことが発覚しました。また、同時期に、社会保険庁のキャンペーンCMに出ていた女性俳優が未納していたことが発覚し、謝罪してそのCMから降板しました。それなのに、未納の閣僚は全然辞めないとして問題視した野党だった民主党の菅直人代表が、三人を指して「未納三兄弟だ」と称しました。これが、由来です。

未納三兄弟には後日譚があり、厚生大臣経験者でもあった菅代表も、同年四月に年金保険料を未納していたことが発覚し、閣僚が辞めないまま自らが民主党代表を同年五月に辞めるという展開がありました。

二〇〇四年の年金改革の議論では、年金未納問題の騒ぎのなか、マクロ経済スライド（詳細は後述）の導入などが盛り込まれた法案が、内容について激しい反対もなく同年六月に成立して、今日（本章執筆時）に至っています。

（4）第七位：なんちゃって急性期

第七位は、なんちゃって急性期です。この言葉は、コロナ禍であぶり出された日本の医療提供体制の欠点を指摘したもので、堂々と政府の審議会の建議に記されています。

それは、財政制度等審議会（財務大臣の諮問機関）が二〇二一年五月二一日に取りまとめた「財政健全化に向けた建議」です。そこにはこう記されています。「こうした状況のもと、人口減少と高齢化による医療需要の質・量の変化に備え、効率的で質の高い医療提供体制の整備を構築しておくことは積年の課題である。レセプトデータ等の医療情報を活用し、医療資源投入量等を基準として、医療機能ごとに令和七年（二〇二五年）の医療需要と病床の必要量を推計し、それをもとに各都道府県において地域医療構想が策定された。具体的には、人口減少・高齢化で急性期患者は大きく減少することや回復期の必要量が増加することを踏まえ、国民の医療ニーズに沿って病床を機能分化することが求められてきた。また、その際、医療機関が自らの医療機能を選択して報告する病床機能報告との差異を踏まえ、急性期を選択して報告しながら実際には医療資源投入量が少ない病床（いわゆる『なんちゃって急性期』の病床）については、在り方の見直しが迫られてきた。厚生労働省は、一昨年秋には、公立・公的病院等について診療実績を分析し、それに基づいて具体的対応方針の再検証が必要な四二四病院名を公表した」。

地域医療構想は、二〇一四年に成立した医療介護総合確保推進法に基づき、地域（複数の市町村からなる二次医療圏など）ごとに、レセプトのデータ等に基づき根拠をもって推計した二〇二五年の医療需要（入院・外来別の患者数等）、二〇二五年に目指すべき医療提供体制（病院が設ける病床や外来の必要量など）、目指すべき医療提供体制を実現するための施策（病床の配置の再編、在宅医療等の充実など）を盛り込んだものです。地域医療構想の中では、入院患者の医療需要を、医療資源投入量が高い順に、高度急性期（高度な手術等の医療措置が必要な時期）、急性期（病気になり始めた時期や、病状が安定せず集中的な医療介入を要する時期）、回復期（急性期を経過した患者に在宅復帰に向けた医療やリハビリテーションを提供する時期）、慢性期（長期にわたり療養が必要な時期）という四機能に分化しています。これまでは未分化だった我が国の入院医療における病床機能について、役割分担・再編を促すものです。これに伴い、一般病床・療養病床を有する病院・有床診療所が、自らが持つ病棟ごとにどの機能を果たしているかを報告する病床機能報告制度も創設されました。

ここでの急性期とは、地域医療構想や病床機能報告制度の四機能の一つである急性期を指します。そして、ある病院で、急性期を選択して報告しながら実際には医療資源投入量が少ない病床を「なんちゃって急性期」の病床として批判したのです。

単価（一日当たり入院基本料）がより高い高度急性期や急性期は、診療実績データに基づくと需要が少ない割にはベッドがたくさんあるというミスマッチがあるので、その解消を目指すのが地域医療構想です。しかし、コロナ禍で急性期病棟と報告しておきながら、コロナ患者を受け入れず、その機能をほぼ果たしてない「なんちゃって急性期」という病棟がありました。同じ病床でも、回復期よりも急性期のほうが入院基本料が高い病床となるため、医療機関にとっては患者の病状如何にかかわらずより高い入院基本料で医業収入をより多く得られることになりますが、それだけ患者の病状に比して割高な医療費がかかることとなり、医療保険財政にとってこのミスマッチは解消しなければならない問題です。

（5）第六位：霞が関埋蔵金伝説

第六位は、霞が関埋蔵金伝説です。「霞が関埋蔵金」は、中央省庁の特別会計や独立行政法人などに貯まっている積立金めいたものという俗語として知られていますが、そうではなく、「霞が関埋蔵金伝説」です。

もとをたどると、自民党に設置された財政改革研究会が二〇〇七年の一一月に中間取りまとめを出したときに、霞が関埋蔵金伝説という表現を用いたのが初出です。これは、徳川埋蔵金伝説などのように、ここを掘ったら財宝が埋まっているという噂があって、それに従って掘ってみたが、結局何も出てこなかったという話になぞらえています。

特に、当時の野党だった民主党が、増税をしなくても、特別会計や独立行政法人にある積立金などを見つけだして取り崩せば歳出の財源に充てられると主張しており、これを自民党として批判したのです。特別会計などの積立金を取り崩せば財源になって、それで歳出を増やせるといったところで、それは徳川埋蔵金伝説と同じように、探し出そうにも歳出の財源としてあてにはならない、と主張したかったわけです。特別会計などの積立金を所管する中央省庁がある場所が霞が関だから、霞が関埋蔵金伝説と称したのです。

ところが、このネーミングが当時高い関心を呼び起こし、いつの間にか「伝説」が取れて、特別会計などの積立金を「霞が関埋蔵金」と呼ぶようになりました。
ただ、特別会計などの積立金は、一度取り崩せば終わりで一時的な財源にしかならず、恒久的な財源を確保するには、やはり税制改革を行わなければならないという点には留意が必要です。

(6) 第五位：成長率金利論争

第五位は、成長率金利論争です。これは、二〇〇五年の終わりから二〇〇六年にかけて、首相が議長の経済財政諮問会議で繰り広げられた論争です。二〇〇五年一二月二六日の経済財政諮問会議で、二〇〇六年度予算政府案はすでに閣議決定された時期です。首相自らが小泉内閣最後の年と決めていた翌二〇〇六年に、「歳出歳入一体改革」を進めるにあたり、どのように取りまとめていくかを議論し始めたのが、この日の会議でした。経済財政諮問会議の民間議員であった吉川洋東京大学教授と竹中平蔵総務大臣とで、成長率と金利のどちらが高いのかをめぐり意見が分かれました。

この成長率金利論争の顚末は、土居（二〇二〇）にて詳述されています。要は、成長率が金利よりも高い時期が続けば、財政収支をさほど大きく改善しなくても財政は持続できるだろうとの旨を、竹中総務大臣は主張しました。二〇〇六年二月一日に開催された経済財政諮問会議では、竹中総務大臣がBall, Elmendorf and Mankiw（1998）を引用して議論を展開し、吉川議員がそれに反論するという論争が、議長たる小泉首相臨席の下で行われました。本来この論文は、Ballらの論文というべきかもしれませんが、第三著者のマンキュー・ハーバード大学教授の日本における知名度が圧倒的に高いので、マンキュー論文と称されました。

土居（二〇二〇）によると、この会議の締めくくりに小泉首相が、「マンキューだかサンキューだか知らないけど、今日は面白かったね」と発言したとされています。しかし、内閣府が公表している同日の経済財政諮問会議の議事録では、そのくだりはありません。

Ball, Elmendorf and Mankiw（1998）に何が書かれていたかは、このタイトルが「Deficit Gamble」であることからもわかります。要は、財政赤字を出し続けることはギャンブルだということです。Journal of Money, Credit and Banking に掲載されたこの査読付き学術論文の最後のくだりには、アメリカのロナルド・レーガン大統領はB級映画俳優から大統領になったと露骨に記され、レーガン大統領は財政赤字を大きく増やしギャンブルをしてしまったと評しています。Ball, Elmendorf and Mankiw（1998）でいうdeficit gamble のようなことを、日本はすべきでないと吉川議員は反論したのでした。

（7）第四位：二位じゃだめなんでしょうか

第四位は、「二位じゃだめなんでしょうか」です。この発言は、二〇〇九年に民主党政権下で設置された行政刷新会議が実施した事業仕分けで出たものです。事業仕分けは、その年の新語・流行語大賞のトップテンに入っています。事業仕分けとは、土居（二〇二一）によると、政府が行う事業ごとに、事業を実施する部局の担当者が事業の内容や目的、成果などを説明し、国会議員や民間有識者などが評価者となり、国民に議論を公開しながら、税金がどう使われ、その効果がどの程度あるのかを検討し、事業の必要性などを判定するものです。

事業仕分けでは、民主党政権で取り上げることとした事業や独立行政法人などについて、図３―１のように仕分け人とも呼ばれる評価者が、担当部局の説明者と質疑応答して対象事業・組織の存廃についての議論を進めていきます。例えば、独立行政法人が取り上げられると、図３―２のように、その所管している省庁の担当局長、課長、当該独立行政法人の理事長や理事が説明者として並び、その部下が後ろに控えます。

そこで、この発言が出たのは、二〇〇九年一一月一三日に取り上げられた独立行政法人理化学研究所のスーパーコンピューターが議論の俎上に載ったときでした。スーパーコンピューターが理化学研究所にあり、それに対して七〇〇億円ほど予算を追加してほしいという要求があって、そのスーパーコンピューターが世界一を取ることで夢を与えることがプロジェクトの一つの目的だという抽象的な説明が、説明者からありました。これに対して、評価者の蓮舫参議院議員が、夢を与えるためにもう七〇〇億円というが、すでに中国やアメリカでもスーパーコンピューターの開発が進んでいて、こんな調子では日本は負けてしまい、世界一になる理由は何があるのか、二位じゃだめなんでしょうかと言ったわけです。その模様は、公開されている議事録に残されています。

この「二位じゃだめなんでしょうか」という発言が、事業仕分けとともに話題になりました。この発言が出た会議は、東京市ヶ谷にある体育館を借りて行われましたが、その後取り壊されて、「兵どもが夢の跡」という感じになっています。

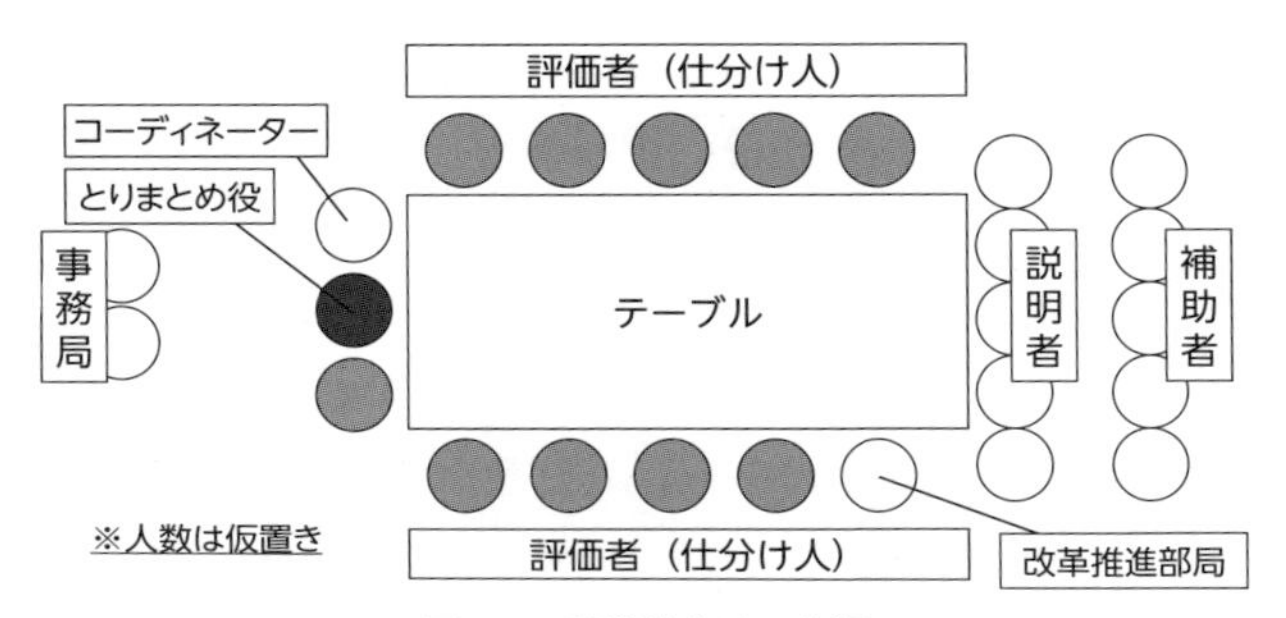

図 3-1　**事業仕分けの会場**

出典：行政刷新会議事務局資料

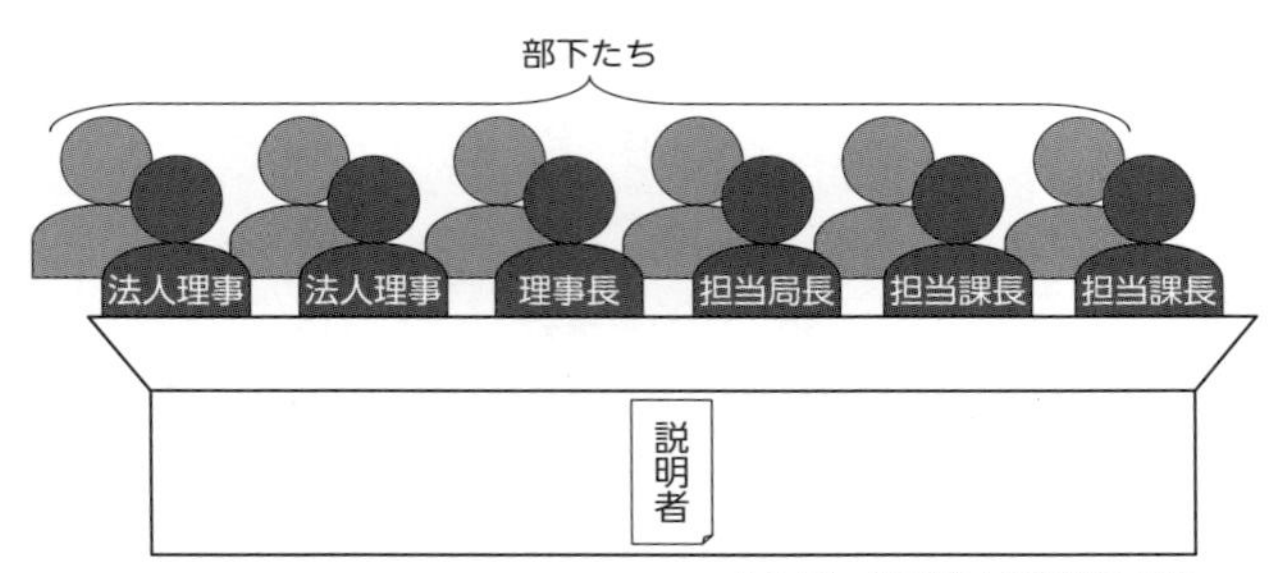

図 3-2　**通常の事業仕分け**

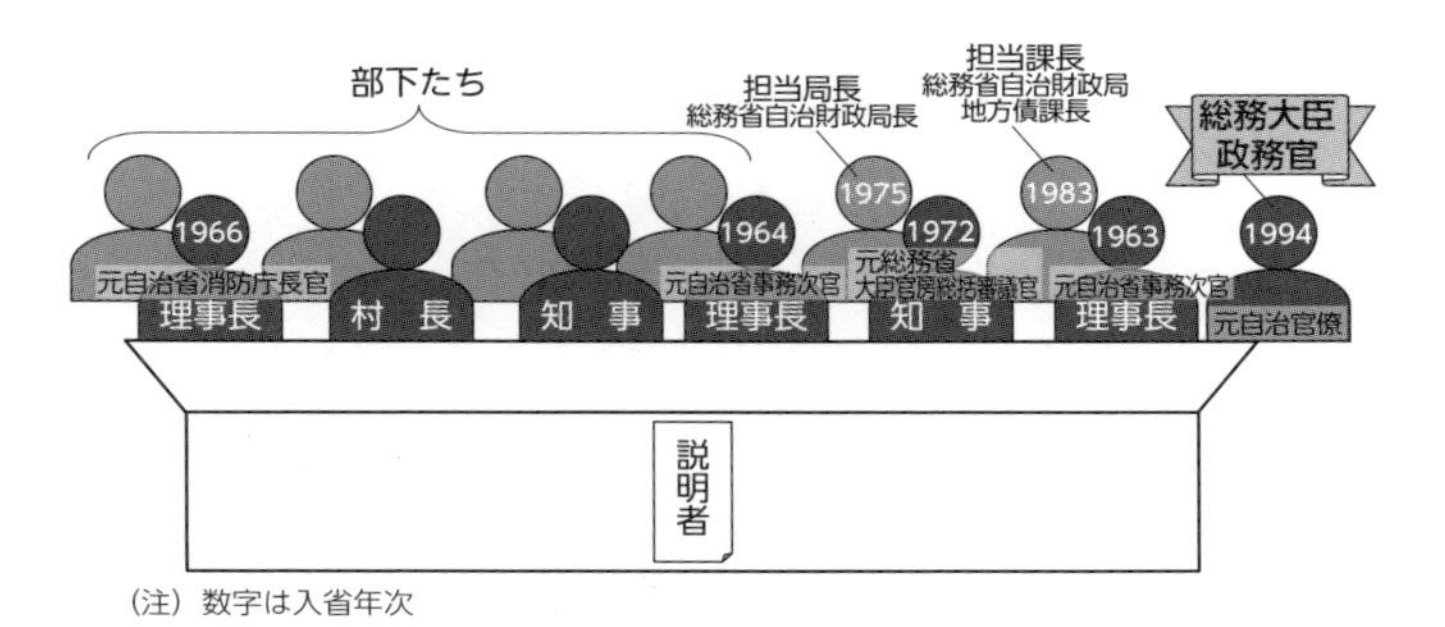

図 3-3　**宝くじの事業仕分け**

さらに、事業仕分け第二弾が二〇一〇年四月から五月にかけて行われたときに、宝くじの普及宣伝の事業が取り上げられました。担当者が事業仕分けの場に出席しますが、図3―2のように、担当の局長、課長、そして当該団体の理事長や理事が最前列に並ぶかと思いきや、宝くじ関連の法人が三つあったので三人の理事長、そして宝くじ事業で得た資金を活用する地方公共団体を代表して知事と村長が説明者として出席しました。すると、通常の事業仕分けで説明者になる担当局長や担当課長は、どこに行ったかというと、図3―3のように、通常では部下が座る後列の席に座っていたのです。

後列に座った現職の局長や課長よりも、最前列に座った人たちのほうが偉いのかというと、図3―3のように、これが見事に旧自治省での入省年次に従った並びになっており、現職の局長や課長よりも入省年次が上の人がずらりと最前列の説明者として並んでいたのです。ただ、最前列ではあるものの最も右隅に座る説明者がいました。それは、鳩山由紀夫内閣の総務大臣政務官でした。本来、政務三役は、所管する事業に対して責任を持つ最高級の幹部のはずなのに、それでも右隅だったのは、総務大臣政務官が旧自治省出身で入省年次からすると説明者の中で一番若かったのです。こういう構図もあったりした事業仕分けでした。

3　日本財政・名（迷）言ベストテン第三〇位～第一一位

それでは、ベストスリーにいく前に、私が勝手に選んだ三〇位から一一位までの名（迷）言を紹介しま

表2　日本財政・名(迷)言ベストテン第11～30位

位	名(迷)言	年	分野	新語・流行語大賞
11	三位一体改革	2004～2007	地方財政	
12	マクロ経済スライド	2004	年金	
13	骨太の方針	2001	政策運営	2001年年間大賞
14	郵政解散	2005	政策運営	小泉劇場が2005年年間大賞
15	コンクリートから人へ	2009	公共事業	政権交代が2009年年間大賞
16	近いうち解散	2012	政策運営	2012年トップテン・特例公債法成立
17	消えた年金	2007	年金	2007年トップテン・年金記録問題
18	一億総活躍社会	2015	社会保障	2015年トップテン
19	GoToキャンペーン	2020	コロナ	2020年トップテン
20	アベノマスク	2020	コロナ	2020年トップテン
21	居酒屋タクシー	2008	公務員	2008年トップテン
22	ムネオハウス	2002	外交	2002年トップテン
23	大阪都構想	2015, 2020	地方財政	
24	ふるさと納税	2008～	地方財政	
25	夕張破綻	2006	地方財政	
26	特別定額給付金	2020	コロナ	
27	大学ファンド	2021～	文教	
28	GX経済移行債	2022～	環境	
29	次元の異なる少子化対策	2023	少子化	
30	トリガー条項	2011～	運輸	

しょう。表2に、第一一位から第三〇位までの二〇〇一年以降の日本財政における名（迷）言をランキングしています。

第三〇位のトリガー条項とは、正式には、揮発油価格高騰時における揮発油税及び地方揮発油税の税率の特例規定の適用停止措置で、二〇一〇年に導入されました。要するに、ガソリン価格が一定以上高くなった場合には、ガソリン税（揮発油税と地方揮発油税）で上乗せした税率の適用を停止するのが、トリガー条項です。その上乗せ税率がなくなる分、税込みのガソリン小売価格が下がることになります。

本則税率と上乗せ税率を合計した税率を、「特例税率」と呼び、それは揮発油税法と地方揮発油税法ではなく、租税特別措置法（第八八条の八）で定められています。同法の次の条文（第八九条）に、トリガー条項が定められています。

トリガー条項は、条件を満たして発動されると、特例税率は適用が停止されて、本則税率が適用されます。その条件は、ガソリンの平均小売価格が連続三か月にわたり一リットル当たり一六〇円を超えた場合です。その後、連続三か月にわたり一リットル当たり一三〇円を下回ると、特例税率の適用が再開されることとなっています。

ところが、トリガー条項は、本章執筆時現在、その発動が凍結されています。なぜならば、二〇一一年に起きた東日本大震災の復興財源を確保するために、震災特例法（東日本大震災の被災者等に係る国税関係法律の臨時特例に関する法律）の第四四条で、トリガー条項の発動を凍結することが取り決められたからです。そして、この凍結は、「別に法律で定める日までの間」継続されることとなっています。その別に法律で定める日は、定められていません。

このトリガー条項の凍結解除が、コロナ禍を経てガソリン価格が上がり始めた二〇二二年、そして衆議院議員総選挙が行われた二〇二四年にも取り沙汰されたのです。この二〇年間の中で、一〇年の時を経て再び注目される条項だったのです。

第二六位は、二〇二〇年に実施された特別定額給付金です。一人一律一〇万円を配り、事務経費を含め約一三兆円もの予算を投じました。第二二位から第一六位は、当該年の新語・流行語大賞のトップテンに入る名言が上がっています。第一五位の「コンクリートから人へ」は、民主党政権下での公共事業におけるスローガンで、新語・流行語大賞の二〇〇九年の年間大賞となった政権交代が起きた象徴的な名言といえるでしょう。第一四位の郵政解散は、新語・流行語大賞の二〇〇五年の年間大賞となった小泉劇場として話題となった衆議院の解散・総選挙です。第一三位の骨太の方針は、今日（本章執筆時）に至るまで、経済財政諮問会議が六月頃に取りまとめて閣議決定する「基本方針」の俗称です。政権によって基本方針の前に関する語句は異なっていますが、岸田文雄内閣での正式名称は「経済財政運営と改革の基本方針」で、第二次安倍内閣以降これを踏襲しています。

第一二位のマクロ経済スライドは、第2節（3）項における第八位の未納三兄弟のところでも取り上げた二〇〇四年の年金改革で導入された仕組みです。二〇〇四年の年金改革では、年金の負担と給付について、二〇一七年以降の保険料水準を固定したうえで、保険料収入の範囲内で給付水準を自動的に調整するという保険料水準固定方式を導入し、社会全体の保険負担能力の伸びを反映させることで給付水準を自動的に調整するというマクロ経済スライドを導入しました。これは、現役世代の減少に対応し、現在の高齢世代の給付水準を徐々に引き下げつつ、将来の高齢世代の給付水準を維持することを目指すものです。確かに、将来の高齢世代の給付水準は、少子化によって現在の高齢世代よりも低くならざるを得ませんが、過度に下がらないようにすることで、給付の世代間格差を是正できます。

第一一位の三位一体改革は、小泉内閣で実施された国と地方の税財政改革の俗称です。「三位一体」とは、地方税、地方交付税、国庫支出金（国庫補助負担金）を一体として、地方分権改革を行うことを指します。国からの使途を定めた補助金である国庫支出金を削減すれば、その財源であった国税が不要となるので、その分地方税として税収を移し替える（税源移譲）とともに、国庫支出金をなくしたことに伴う権限委譲を国から地方に行うのに加えて、国の義務付けを減らして地方交付税の財源保障機能を低下させる形で、地方分権を進めようとしました。

二〇〇三年六月に経済財政諮問会議が取りまとめた「骨太の方針二〇〇三（経済財政運営と構造改革に関する基本方針二〇〇三）」において、国庫補助負担金（国庫支出金）を削減したうえで、それに対応する財源を国から地方に税源移譲することとし、課税自主権を拡大するのに加えて、地方交付税は財源保障機能を縮小して総額の抑制を図ることを閣議決定しました。そして、二〇〇四年度から二〇〇六年度にかけて、義務教育国庫負担金などを対象として約四・七兆円の国庫補助負担金を削減し、それに対応した財源として、約三兆円分の国の所得税を個人住民税に移し替える形で税源移譲を行いました。これが、三位一体改革です。

ただ、土居（二〇〇四）で詳述されているように、地方税、地方交付税、国庫支出金は、各制度の相互補完性に鑑みれば、一体とした改革は必要でした。しかし、三位一体改革は、包括的な改革としては不徹底でした。税源移譲は行ったものの、国の財源保障や関与が現状維持的に終わりました。それは、税源移譲を国庫補助負担金の削減とセットで行い、財源保障を担わせたい地方交付税の改革はそれらとはやや独立して行ったことが影響しました。さらに、地方公共団体の重要な四つの財源のうちの一つである地方債は、三位一体改革の中では、一体的な改革策は講じられなかったのです。土居（二〇〇七）で詳述されているように、地方債は、その元利償還の財源を後年度の地方交付税（基準財政需要額）で措置する仕組み（地方債元利償還金の交付税措置）があったり、地方税で標準税率未満とした地方団体は総務大臣等の許可がなければ起債ができない仕組みがあったりして、地方交付税制度や地方税制とも深く関わりがあるものです。それにもかかわらず、三位一体改革では、地方債が取りこぼされてしまいました。

4　ベストテン第三位〜第一位

（1）第三位：離れですき焼き

ベストテンのランキング（表3）に戻って、第三位は、「離れですき焼き」です。この言葉は、二〇〇三年二月二五日の衆議院財務金融委員会での塩川正十郎財務大臣の答弁で登場します。時は小泉内閣で、塩川財務大臣の愛称は二〇〇一年に新語・流行語大賞トップテンに入っています。「母屋ではおかゆ食って、辛抱しようとけちけち節約しておるのに、離れ座敷で子供がすき焼き食っておる」という答弁です。これが語源です。

母屋とは一般会計で、離れ（座敷）は特別会計を指しています。一般会計ではおかゆをする、つまり財政再建を一生懸命やって「けちけち節約しておる」ところなのに、特別会計ではすき焼きを食べて贅沢な財政支出をしている、というわけです。当時の財政事情を象徴した答弁でした。「母屋でおかゆ、離れですき焼き」という言葉も当時にはありました。

確かに、二〇二三年度において特別会計は一三会計しかありませんが、まさにこの答弁がなされた頃の特別会計は三七会計もありました。特に、公共事業系の特別会計は、道路整備特別会計、治水特別会計など、事業ごとに特別会計がありました。また、特別会計ごとに設置の根拠法があり、使途をあらかじめ定めた形で財源を確保する特定財源が、特定の特別会計に入って歳出に充てられて、既得権化していました。その後、小泉内閣と第二次安倍内閣の下で特別会計改革が進められ、二〇〇七年には各特別会計の根拠法が廃止されて、特別会計に関する法律（特別会計法）に統一されました。公共事業系の特別会計は基本的に一般会計に統合され、特別会計の数は減っていきました。

(2) 第二位：社会保障・税一体改革

第二位は、社会保障・税一体改革です。社会保障・税一体改革は、二〇一〇年代にわたる社会保障制度と税制の改革を主導しました。その財源確保のために、消費税率の標準税率を二〇一四年四月に八％、二〇一九年一〇月に一〇％に上げました。消費税増収分を社会保障に充てることに、民主党政権の野田佳彦内閣の下で、二〇一二年八月に、当時与党の民主党と野党の自民党と公明党が合意したうえで、社会保障・税一体改革関連法案を成立させました。

消費税率は、二〇一四年四月に予定どおり八％に引き上げられましたが、一〇％に上げるのを二度延期し、当初の予定の二〇一五年一〇月から二〇一九年一〇月に四年先送りされました。

消費税率が八％時点の二〇一八年度では、その増収分が約八・四兆円あって、子ども・子育てに〇・七兆円、基礎年金に三・二兆円、医療・介護に〇・七兆円、医療・介護等での増税に伴う経費増に対応して〇・四兆円充て、残りを「後代の負担のつけ回しの軽減」、つまり社会保障財源となる赤字国債の発行抑制

表3　日本財政・名（迷）言ベストテン

位	名（迷）言	年	分野	新語・流行語大賞
1	アベノミクス	2012 ～ 2020	政策運営	2013 年トップテン
2	社会保障・税一体改革	2012 ～ 2019	社会保障	
3	離れですき焼き	2001	特別会計	塩爺が 2001 年トップテン
4	2位じゃだめなんでしょうか	2009	歳出改革	事業仕分けが 2009 年トップテン
5	成長率金利論争	2005 ～ 2006	政策運営	マンキューだかサンキューだか…
6	霞が関埋蔵金伝説	2008	特別会計	2008 年トップテン
7	なんちゃって急性期	2020	医療	
8	未納三兄弟	2004	年金	
9	交付税の先食い	2001, 2007	地方財政	
10	後期高齢者医療制度	2008 ～	医療	2008 年トップテン

に充てることとしました。これが、消費税率を一〇％に上げた際には、増収分が約一四兆円あって、子ども・子育てに〇・七兆円、基礎年金に三・二兆円、医療・介護に二・一兆円、増税に伴う経費増に〇・八兆円充て、残る七・三兆円を赤字国債の減額に充てることを予定していました。ところが、増収分の半分以上が赤字国債の減額に充てることに対し、安倍内閣は、それは多過ぎるとして、新たに教育無償化に一・七兆円割くことを二〇一七年一二月の「新しい経済政策パッケージ」で決めました。

社会保障・税一体改革は、二〇一〇年代末にようやく貫徹しました。しかし、その後の改革では、社会保障については「全世代型社会保障」の実現に向けた改革として進めているものの、税制改革はまったくといってよいほど進んでいません。

(3) 第一位：アベノミクス

最後に、第一位は、アベノミクスです。アベノミクスは、大胆な金融政策、機動的な財政政策、民間投資を喚起する成長戦略の「三本の矢」を指します。本章を締めくくるにあたり、第二次以降の安倍内閣における財政政策について、評価を論じることにします。第二次以降の安倍内閣において、財政収支は確かに改善した面はあります。しかし、毎年のように景気対策を次のように実施していました。二〇一三年一月には事業規模が二〇・二兆円程度の「日本経済再生に向けた緊急経済対策」、二〇一三年一二月には事業規模が一八・六兆円程度の「好循環実現のための経済対策」、二〇一四年一二月には事業規模が一六・〇兆円程度の地方への好循環拡大に向けた緊急経済対策」、二〇一五年一一月には「一億総活躍社会の実現に向けて緊急に実施すべき対策」、二〇一六年八月には事業規模が二八・一兆円程度の「未来への投資を実現する経済対策」、二〇一七年一二月には「新しい経済政策パッケージ」、二〇一八年一二月には「防災・減災、国土強靱化のための三か年緊急対策」、二〇一九年一二月には事業規模が二六・〇兆円程度の「安心と成長の未来を拓く総合経済対策」、二〇二〇年四月には事業規模が九五・二兆円程度の「新型コロナウイルス感染症緊急経済対策」が取りまとめられ、実施されました。このうち、事業規模を付しているのが経済対策に含まれます。

その間、表１にも示されているように、二〇一二年一一月から二〇一八年一〇月までは景気拡張期でした。景気拡張期なのに景気対策が必要だったのかは疑問が残るところです。

しかも、景気対策に合わせて組まれる補正予算は、歳出を多く増やしているけれども、繰越や不用が結構多くあります。公共事業費に及んでは、ますます露骨です。公共事業関係費は、二〇一七年度において、当初予算に六・〇兆円が計上され、その後の補正予算で一・〇兆円追加されて七・〇兆円となりました。ただ、二〇一六年度からの繰越も二・六兆円あり、合計九・六兆円が二〇一七年度中に支出可能な状態になっていました。ところが、決算までに六・九兆円支出したものの、残りを使い残したため、一・六兆円を二〇一八年度に繰り越しました（その差額は結局支出しないこととした不用額）。この繰越額は一般会計予算全体の繰越額四・三兆円の約六一％を占めました。

二〇一八年度において、公共事業関係費は当初予算で六・〇兆円、補正予算で一・六兆円、合計して七・六兆円が計上され、二〇一七年度からの繰越が二・六兆円あって、合わせて一〇・二兆円が二〇一八年度中に支出可能な状態になっていました。しかし、三・二兆円を二〇一九年度に繰り越しました（その差額は不用額）。この繰越額は一般会計予算全体の繰越額五・一兆円の約六三％を占めました。

二〇一九年度において、公共事業関係費は当初予算で六・九兆円、補正予算で一・六兆円、合計して八・五兆円が計上されたうえに、二〇一八年度からの繰越三・二兆円が加わり、二〇一九年度に支出可能な額は一一・七兆円となりました。しかし、結果的に三・九兆円を二〇二〇年度に繰り越しました。これは、一般会計予算全体に占める比率は約五九％でした。

二〇二〇年度には、当初予算で六・九兆円、補正予算で二・四兆円、合計して九・三兆円が計上されたうえに、二〇一九年度からの繰越三・九兆円が加わり、二〇二〇年度に支出可能な額は一三・二兆円に達しました。しかし、結果的に四・七兆円を二〇二一年度に繰り越しました。一般会計の公共事業関係費で、二〇二〇年度において、支出可能な額、翌年度への繰越額は、過去最高に達したのです。

このように、公共事業費は、前年度からの繰越があるにもかかわらず、毎年度補正予算で新たに追加予算を計上したうえに、年々増加する形で翌年度に繰り越しています。これでは、即効性を期待する景気対策とはいえない予算編成でした。

大胆な金融政策は、二〇一三年に就任した黒田東彦日本銀行総裁が掲げた「量的・質的緩和」で、デフレーションの脱却を目指しました。金融緩和政策で、国債金利はほぼゼロになりました。その下で、国債の大量発行が行われたのです。確かに、利払費が節約できる形で財政出動ができて、それがＧＤＰ（国内総生産）を押し上げられれば、デフレ脱却にも寄与します。しかし、第二次以降の安倍内閣期に顕著にデフレ脱却できたといえる状況にはなりませんでした。それは、「三本の矢」の三つ目である成長戦略が不十分だったことや、財政支出が経済成長を促進することに貢献せず、無駄なものが多かったことなどが原因と考えられます。

結局、アベノミクスによって、持続的な経済成長が実現しないまま、未曾有の規模に累増した政府債務だけが残されました。

５　おわりに

関西公共経済学研究会が発足して二〇年超が経ち、コロナ禍を経て、第二次以降の安倍内閣期のようにほぼゼロ金利という状況はなくなりました。二〇一三年から二〇二三年までの黒田総裁時代の日銀とは異なり、二〇二三年四月に就任した植田和男総裁の下で、量的質的緩和政策は二〇二四年三月に転換されました。マイナス金利政策だけでなく、長短金利操作（イールドカーブ・コントロール）もＥＴＦ（上場投資信託）とJ-REIT（不動産投資信託）の新規買い入れもやめて、短期金利を操作手段とした普通の金融政策に変わりました。

こうした経済環境の下では、二〇一〇年代に行われたような財政政策を踏襲するべきではありません。二〇二二年以降の物価高で、デフレが常態化する経済環境ではなくなりました。過度に財政出動をすれば、物価の上昇要因になりこそすれ下落要因になることはありません。債権者の視点からは、物価が上昇すれば、名目金利が早晩上がることは自然の摂理です。

そんな環境下で、日本の財政は、コロナ禍を経てますます金利上昇に脆弱になってしまいました。コロナ禍では、二〇二〇年度にコロナ対策のために、あらかじめ満期を定めて発行する国債（カレンダーベース市中発行額）を八三・五兆円追加で発行しました。その七割を超える六〇・九兆円が一年以下の満期でしか発行できませんでした。二年以下の満期の国債まで含めても六九・九兆円と八四％を占めました。

二〇二〇年度に一年債を発行すれば、二〇二一年度には早くも返済が迫られます。もちろん、二〇二一年度にその大半を借り換えられましたが、過半は二年以下の満期でしか借り換えられませんでした。二〇二二年度には、二〇二〇年度の二年債と二〇二一年度の一年債の返済が求められ、また借り換えました。

このように、コロナ対策のために増発した国債の大半は、二年以下の満期でしか発行できず、量的金融緩和策の下だったにもかかわらず、満期が一〇年以上の長期の国債はほとんど追加で発行できませんでした。これでは、短期的な金利上昇に直面すると、たちまち利払費が増加し、機動的な財政運営ができなくなってしまいます。

この悪影響を最小限に抑えるには、平素から国債発行を抑制するほかありません。何せ、IMF（国際通貨基金）のPublic Finances in Modern Historyによると、日本の政府債務残高対GDP比（一般政府ベース）は、二〇〇〇年度末の約一三六％から二〇二三年度末の二五二％へと上昇し、戦争していない国でこれほど高い水準に達した前例は近現代史上ないからです。

国債発行を抑制することは、財政収支の改善にほかなりません。そのためには、不断の歳出改革と税制改革が必要です。その具体策については別稿に譲りますが、まずは、第四次安倍内閣の下で「骨太の方針二〇一八」にて閣議決定して以降現在（本稿執筆時）まで政府が掲げる二〇二五年度の基礎的財政収支黒字という財政健全化目標を、一度は達成して、成功体験を積むべきでしょう。

【注】

1　景気循環の時期は、内閣府経済社会総合研究所が公表する景気基準日付に従います。

2　新語・流行語大賞とは、自由国民社が実施し、その年一年間に発生した「ことば」のなかからトップテンと年間大賞を選考するものです。一九八四年に創始され、毎年一二月初めに発表されています。

参考文献

土居丈朗（二〇〇四）『三位一体改革 ここが問題だ』東洋経済新報社。

土居丈朗（二〇〇七）『地方債改革の経済学』日本経済新聞出版社。

土居丈朗（二〇一〇）『平成の経済政策はどう決められたか』中央公論新社。

土居丈朗（二〇一二）『入門財政学（第二版）』日本評論社。

Ball, L., Elmendorf, D.W., and Mankiw, N.G.（1998）,“The Deficit Gamble,” *Journal of Money, Credit and Banking*, 30（4）, 699-720.

第6章

税制のイノベーション

（一橋大学大学院経済学研究科教授）
佐藤　主光（もとひろ）

1　はじめに

経済成長の原動力はイノベーション（技術革新）です。イノベーションは税についてもいえるのです。例えば、所得税は一九世紀のイノベーションでした。英国では、一七九八年にナポレオン戦争の財源確保のために所得税が導入されました。米国も南北戦争の際に所得税が課されました。日本の所得税は一八八七年から始まりました。当時は賃金や配当など所得の種類によって課税が異なる分類所得税でした。振り返れば、日本の税制も何度か革新を繰り返してきました。封建時代の日本の税制といえば、米を納める年貢でした。これが抜本的に変わったのが、明治維新の折の「地租改正」（一八七三年）です。納税を米から現金に変えたほか、課税の基準を実際のコメの収穫高ではなく、「収益還元法」という将来的に生み出される利益をベースにした評価方法に変えたのです。

税制の二〇世紀最大のイノベーションは「付加価値税（消費税）」でしょう。付加価値税を最初に導入したのは一九五四年のフランスでした。欧州諸国では元々、取引ごとに課税する取引高税がありました。しかし、取引する度に課税されるため、原材料の取引から素材の製造、完成品に至るまで税負担が累積する問題があったのです。これを是正するため、取引段階では税負担が生じないように「仕入れ税額控除」を入れたのが始まりです。最適課税論でいう「生産効率性命題」、つまり課税が生産過程を歪めないという条件を満たしています。実際、税収（対GDP比）を一定としたとき、所得課税から消費課税に比重をシフトさせるほうが成長率にプラスになるとの実証研究もあります。ちなみにシャウプ勧告（一九四九年）においても「付加価値税」が提言されていましたが、当時は実施には至りませんでした。日本はパイオニアになり損ねたともいえそうです。

では二一世紀の税制のイノベーションとは何でしょうか？　それは経済のグローバル化・デジタル化といった新たな経済環境に適したものでなければなりません。本章では法人税、消費税および（個人）所得税の新たな可能性について考えていきたいと思います。具体的には、法人税のキャッシュフロー化と市場国課税、消費税におけるリバース・チャージ（買い手による消費税の徴収）、そして所得税の源泉徴収と統合した「付加価値型取引税」、および生涯所得への累進課税を取り上げます。生涯所得課税は相続税など資産課税と統合することも可能です。

2　法人税のキャッシュフロー税への転換

法人企業の利益は「超過利益」と「正常利益」に区別されます。超過利益とは、国債投資などから通常見込める正常利益を上回る利益を指します。例えば、市場金利を四％としましょう。銀行に預けるなどして一億円を運用することで得られる収益は四〇〇万円（＝四％×一億円）に等しいです。四〇〇万円の収益はあらかじめ見込まれており、かつ誰が運用しても変わらないという意味で、正常利益にあたります。他方、同じ一億円をスタートアップ企業などに投資して一〇〇〇万円のリターンを得たとしましょう。単なる資金運用とは異なり、当該企業のイノベーション能力が問われることはもちろん、投資家の目利きが重要になります。このとき、正常利益を超えた六〇〇万円（＝一〇〇〇万円－四〇〇万円）が超過利益と見なされます。

こうした超過利益への課税と、市場国への課税権の配分も税制のイノベーションに該当します。超過利益への課税にはメリットがあります。現行の法人税に比べて経済学的にも中立的で、経済活動への歪みが少なく、成長とも親和性が高い点です（表1）。（経済的）限界実効税率がゼロとなるため、前述の「生産効率性命題」を満たします。超過利益課税は新たな国際課税の枠組みにおいても重視されています。

表1　超過利益と法人課税ベース

超過利益	$\pi = pF(L, K) - wL - (r+\delta)K$ ＝売上－賃金－（配当支払い＋減価償却）
法人課税ベース	$\pi + rK = pF(L, K) - wL - \delta K$ ＝売上－賃金－減価償却

（注）投資は株式（出資）によると仮定

二〇二一年、ＯＥＣＤは新たな国際課税の協調の枠組み（ＢＥＰＳ対策）を発表しました。売上高二〇〇億ユーロ超、利益率一〇％超の大規模・高利益水準のグローバル企業を対象に、利益率一〇％を超える超過利益の二五％を配分し、その市場が存在する国に課税権を与える新たなルール（第一の柱）を提言し、G20を含む一四〇の諸国・地域が合意したのです。

その超過利益課税は課税ベースの「キャッシュフロー化」で実現できます。ここでいう「キャッシュフロー」とは、事業者の売上から、原材料・設備などの仕入れおよび人件費を差し引いた値を指します。これを課税ベースとするのがキャッシュフロー税です。キャッシュフローであれば、（正常利益との区別が必要な）超過利益よりも簡便に算出できます。消費税と同様に、（売上－仕入れ）が課税ベースになりますが、人件費を控除しているところに違いがあります。なお、仕入れには設備の購入なども含まれるため、投資支出は人件費や原材料費同様に、支出が行われた年に課税ベースから即時控除されます。このキャッシュフロー税と超過利益課税の等価性は、次のように説明されます。再び正常利益率を年間当たり四％としましょう。今期一億円を投資とした場合、来期には正常利益四〇〇万円を合わせて一億四〇〇万円（＝一億円×一・〇四）を得ることになります。その現在価値は、正常利益率四％で割り引いて一億円（＝一億四〇〇万円

÷一・〇四）に等しいです。他方、スタートアップ企業への投資一億円から翌年一〇〇〇万円の利益が上がったとします。株式を売却するなどして投資資金を回収するならば、手元の現金は一億一〇〇〇万円になります。この場合、再び超過利益は六〇〇万円（＝一〇〇〇万円－四〇〇万円）となります。その現在価値は次のように表現できます。

600万円÷(1＋4％)＝(1億1000万円－(1＋4％)＊1億円)÷(1＋4％)
＝1億1000万円÷(1＋4％)－1億円

より一般的には*R*を投資からの収入、*F*を投資額、*r*を（正常収益にあたる）割引率とすれば、

$$\frac{(R-F)-rF}{1+r}=\frac{R}{1+r}-F$$

つまり、来期の超過利益の現在価値は、投資家の来期の収入の現在価値から今期の投資支出を差し引いたキャッシュフローに等しくなります。なお、キャッシュフロー税には、①実物取引のみを対象とした*R*ベースと、②実物取引と金融取引（負債）を含む*R*＋*F*ベースがあります（表2）。（制度上、間接税となります）付加価値税は*R*ベース課税にあたります。キャッシュフローとしては、資本（株式）取引（*S*ベース）もありますが、資金取引の恒等式から、*R*＋*F*ベースと*S*ベースは等価となります。①実物取引の付加価値への課税と②ネットの借入資金への課税は、③株式資金の純流出に対する課税に等しい

表2　二つのキャッシュフロー

	R ベース	$R+F$ ベース
キャッシュ・フロー（+）	財貨・サービスの売却	R ベース+借入
キャッシュ・フロー（-）	借入原材料・賃金、固定資産への支払い	R ベース+借入の元利払い
実物取引と金融取引の区別	あり	なし
借入と株式の区別	なし	あり

からです。以下、本章で着目するキャッシュフローは R ベースです。

現行の法人税の下では、設備投資は複数年にわたって減価償却費として控除されますが、減価償却費の控除が認められる将来（例えば二年後）の一億円と、現在の一億円とでは価値が異なります。他方、即時控除するのであれば、投資支出の全額が経費として認められることになります。これは投資を喚起する方向に働きます。ただし、キャッシュフロー税では、借入に係る利払い費の控除は認められません。現行の法人税では、利払い費を控除する一方で、配当は企業の利益の一部と見なされるため控除されません。このことから、同じ資金を調達する場合でも、投資家に配当する株式（出資）より、利払いの形で利益を還元する借入のほうが税制上有利になります。このことが企業の有利子負債を増やす要因の一つになってきたとの指摘もあります。キャッシュフロー税であれば、企業の資金調達の選択を歪めることがありません。中小企業にとっても、減価償却費を計算するための資産管理が不要になるなど、課税ベースの計算が簡単になるという意味でメリットがあります。また、年間の課税ベース＝キャッシュフローがマイナスになった場合は、①欠損金として金利を付けて将来に繰り越すか、②社会保険料（事業主負担）など、企業が負担する他の税金・保険料と相殺させる方法が考えられます。

3　仕向地主義課税へ

新たな法人課税である「仕向地キャッシュフロー税」が注目されています。具体的には、輸出からの収入は非課税（＝益金算入しない）ですが、輸入は課税対象（＝損金算入しない）となります。仕向地主義キャッシュフロー税が優れている点は、①シンプルで明快なため、ヒト・モノ・カネが国境を越えて自由に移動するグローバル経済に適していること、そして②低成長の経済において、投資を含む企業の経済活動の活性化につながることです。特に、仕向地主義では輸出が非課税で、輸入に課税されるため、課税が輸出企業の生産コスト増加につながらず、海外市場での競争力を阻害しません。また、国内企業の製品にも、輸入製品にも等しく課税されるため、両者は税制上、消費税のように等しく扱われ、国内立地企業の国際競争力に対して中立的になります。近年、グローバル企業が課税逃れのため、本社や支社を税率の低い国や地域に置く事例が増え、それが世界的に問題視されてきました。仕向地主義であれば、多国籍企業等のタックスプランニング、つまり租税回避の誘因にも中立的です。海外子会社等からの受取（輸出に相当）は非課税で、海外子会社等への支払い（輸入に相当）は控除できないため、グループ企業間で移転価格を操作しても課税ベースは変わらないからです。また、利払いを含む金融取引は課税対象にならないため、いわゆる「過小資本」（過大な利払い）の問題も生じません。

課税地の原則は、大きく①居住地主義、②源泉地主義、③仕向地主義（最終消費地課税）の三つに区別されます。このうち、居住地主義は生産活動の拠点にかかわらず、居住する地域・国に課税権が発生します。源泉地主義課税は、生産活動が行われた地域・国で課税が行われる方式です。この場合、国内法人であっても、海外で上げた収益に対しては法人税は課されません。我が国では、二〇〇九年度の税制改正において、海外に留保された資金を国内に還流させるための環境整備として、従来の間接外国税額控除制度に代わり、外国子会社（持ち株比率二五％以上）から受け取った配当の九五％を益金不算入とする措置を講じました。これにより、外国子会社の国外所得を免除することで、課税地の原則を「源泉地主義課税」に近づける改革が行われたのです。しかし、源泉地主義課税は、企業の立地（生産活動の誘致）を巡る租税競争を喚起する可能性があります。一方、輸出入に対して中立的な仕向地主義は、経済のグローバル化に即した課税原則といえるでしょう。結論だけいえば、税負担が国内に帰着するため、①社会保障や地方財源など国内の財政需要の充足と、②グローバル化への対応（企業の国際競争力の確保や海外からの直接投資の促進など）を切り離すことが可能になります。

関連して二〇二一年、ＯＥＣＤは新たな国際課税の協調の枠組み（ＢＥＰＳ対策）を発表しました。売上高二〇〇億ユーロ（約二・六兆円）超、利益率一〇％超の大規模・高利益水準のグローバル企業を対象に、利益率一〇％を超える超過利益の二五％を配分して、市場国（多国籍企業からの購入があった国）に課税権を配分する新たなルール（第一の柱）を提言し、Ｇ20を含む一四〇諸国・地域が合意しました。この市場国への課税権の配分も「仕向地主義」に近い考え方です。

この仕向地主義課税は人件費が控除されることを除けば、課税ベースは消費税（付加価値税）と同様です。このことは国民経済計算（三面等価）の式からうかがえます。

消費＝賃金＋（営業余剰－投資）－（輸出－輸入）
＝賃金＋（（輸出を除く）売上－（輸入を除く・投資を含む）仕入れ）
＝賃金＋仕向地主義キャッシュフロー

消費税（間接税）は右式の左辺を課税ベースとする一方で、国境税（直接税）は右辺の仕向地主義キャッシュフローを課税ベースとします。左辺に課税しても、右辺に課税しても同じことになるため、これを「税等価」と呼びます。すなわち、

消費税＝社会保険料等賃金税＋仕向地主義キャッシュフロー税

先進諸国の中で唯一、付加価値税がない米国では、法人税（直接税）の枠内で付加価値税と税等価な仕向地主義キャッシュフロー税の導入が提案されてきました。我が国においても、消費税の増税が政治的に難しい場合には、法人税を仕向地主義キャッシュフロー税に変更し、これを強化することが選択肢となるでしょう。超過利益を源泉とする消費への課税となるため（超過利益の多くが富裕層に集中する傾向を考慮すれば）、公平にも適うといえます。

税制上の中小企業の定義について

本文とは直接関係しませんが、税制上の中小企業の定義の見直しについて、このコラムで述べたいと思います。中小企業にはさまざまな税制上の優遇措置があります。国の法人税率は二三・二％ですが、中小企業については年八〇〇万円以下の所得金額の部分が現行の一五％（本則一九％）に軽減されています。また、繰越欠損金の控除額について、大企業は所得金額の五〇％が限度額ですが、中小企業は全額が認められています。研究開発税制でも、中小企業の控除率や控除上限は優遇されています。二〇二四年度税制改正では、賃上げを実施した赤字の中小企業について、最大五年間、減税を繰り越せることになりました。ここで問題になるのは企業の「規模」の測り方です。実際には、大手新聞社や芸能プロダクションも中小企業に分類されることがあります。なぜかというと、「法人税法」では企業を資本金一億円超の大企業と一億円以下の中小企業に区別してきたからです。また、「中小企業基本法」では、業種別に資本金のほか、従業員数も考慮されます。資本金については企業の裁量が大きく、わざと資本金を一億円以下に抑えることで中小企業として扱われることがあります。この誘因が明らかになったのが、地方法人二税の一つである外形標準課税です。この課税は資本金一億円超の大企業のみに適用されていました。しかし、課税対象となる企業は二〇〇六年度をピークに減少し、二〇二〇年度には三分の二にとどまっています。これは、意図的に課税を避けていることがうかがえます。そのため、二〇二五年度以降、これまでの大企業が資本金を一億円以下に減資したとしても、資本金と資本剰余金の合計額が一〇億円を超える限り、引き続き外形標準課税が課されることになりました。ただし、新たな外形標準課税の基準も恣意的な部分が否めません。

一方、欧州の主要国では売上高が中小企業の定義に使われています。関連してOECD諸国などで合意された新たな国際課税の枠組みにおいても、売上高が基準の一つとなりました。「第一の柱」の場合、全世界売上が二〇〇億ユーロ超かつ利益率が一〇％超の多国籍企業が課税対象となります。グローバル・ミニマム課税にあたる「第二の柱」では、総収入金額が七億五〇〇〇万ユーロの多国籍企業への実効税率が一五％を下回らないとされています。我が国でも資本金に代えて売上高を中小企業の基準として採用するのはどうでしょうか。より漸進的な見直しとしては、資本金による区分はそのままに、売上高が一定額以上の中小企業には優遇措置を適用しないという方法も考えられます。課税における売上高の活用としては、消費税がすでにあります。課税売上高が一〇〇〇万円を超える事業者は消費税の納税義務者となります。もちろん、売上高は毎年変動します。売上高が基準額に近い企業は、年によって大企業か中小企業かが変わってしまうこともあります。したがって、課税年度からみて、例えば過去三か年の売上高の平均値を基準とする方法が考えられます。企業の成長を促進する観点からは、一旦、売上額が基準を超過した（中小企業を卒業した）後は、その後基準以下に売上が落ち込んでも、原則として再び中小企業として処遇しないという方法もあります。一般に、売上高は企業活動の成果を示す指標であり、その規模を測る指標として妥当であると思われます。これにより、大企業と中小企業の新たな区分が可能になるかもしれません。

4　消費税のリバース・チャージと源泉徴収との統合

二〇二三年一〇月一日から、消費税の「適格請求書等保存方式（インボイス制度）」が開始されます。消費税は生産から卸売、小売に至るまでの各取引段階で課税されますが、インボイスはこのうち事業者間（中間）取引に関わります。例えば、卸売事業者は生産者から商品等を仕入れる際、消費税を上乗せした代金を支払います。この卸売事業者が小売に販売する際には、小売が払う消費税から仕入れに係る消費税を差し引いた額を納税します。これを「仕入れ税額控除」といいます。結果として、消費税の負担は取引の途中段階ではなく、最終消費者に帰着することになります。インボイスは、この仕入れ税額控除を適正に行うために必要とされます。生産者と卸売事業者との間での取引において、卸売事業者は商品の購入と合わせて生産者からインボイスを受け取り、これを要件として仕入れ税額控除を行うようになります。

これまで、課税事業者が免税事業者から商品等を購入する際には、仕入れ税額控除が可能でした。しかし、免税事業者はインボイスを発行できないため、今後は仕入れ税額控除が認められなくなります。政府は、免税事業者からの仕入額についても一定割合を控除できる経過措置を導入から向こう六年間講じています。また、免税事業者も課税事業者になることを選択できます。とはいえ、免税事業者が取引上不利になるとの懸念もあり、インボイス制度に反対する声が上がっています。免税事業者のなかにはフリーランスを含めた個人事業主が多く、課税事業者になることが望ましいとされる一方で、インボイスの発行や仕

表３　消費税のリバース・チャージ

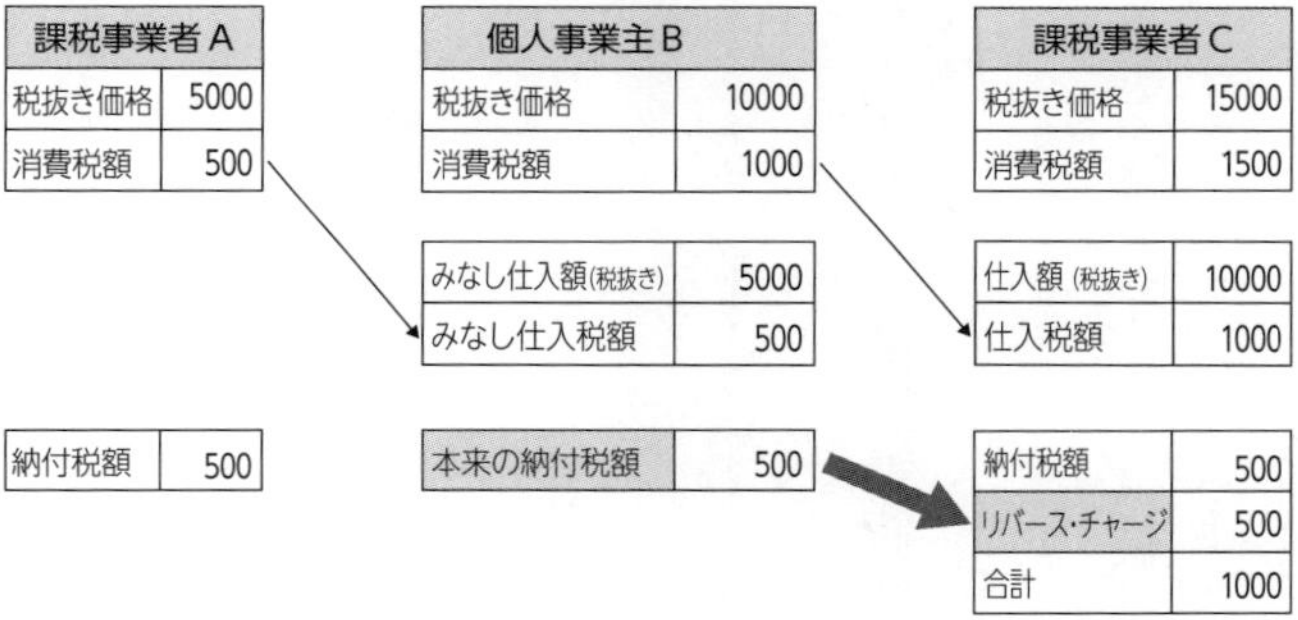

課税事業者Ａ		個人事業主Ｂ		課税事業者Ｃ	
税抜き価格	5000	税抜き価格	10000	税抜き価格	15000
消費税額	500	消費税額	1000	消費税額	1500
		みなし仕入額(税抜き)	5000	仕入額(税抜き)	10000
		みなし仕入税額	500	仕入税額	1000
納付税額	500	本来の納付税額	500	納付税額	500
				リバース・チャージ	500
				合計	1000

（注１）　納付税額＝売上に係る消費税－仕入れ税額
（注２）　個人事業主Ｂに適用される簡易課税の「みなし仕入れ率」（売上の50％）が実際の仕入れ率に一致すると仮定

入れ税額控除のための管理など、事務的な負担が重いことは否めません。

一つの案として、免税事業者に「簡易課税」を認め、ほかの課税事業者との取引において「リバース・チャージ」を可能にする方法があります。簡易課税は、年間売上が五〇〇〇万円以下の事業者が選択できる制度であり、仕入れ税額控除は実額ではなく、課税売上額に一定の「みなし仕入れ率」を乗じて算出されます。この仕入れ率は、飲食業を除くサービス業であれば五〇％など、事業の区分によって異なります。実際の仕入れ税額とは異なるため、益税や損税が生じることもあります。一方、国外の事業者が国内事業者向けに広告配信などをインターネット等を介して提供する場合、買い手の国内事業者が消費税を徴収する仕組みが「リバース・チャージ」と呼ばれます。これは、所得税の源泉徴収に似た仕組みです。

例えば、個人事業主Ｂが税込み価格で一万一〇〇〇円のサービスを課税事業者Ｃに提供したとします。税率一〇％の下では、消費税額は一〇〇〇円（本体価格が一万円）となります（表3）。課税事業者Cは、この税額から「みなし」仕入れ額、例えば個人事業主Bがサービス業であれば五〇〇円（＝みなし仕入れ額五〇〇〇円（売上一万円の五〇％にあたる）に対する消費税一〇％分）を差し引いた五〇〇円をリバース・チャージすればよいです。ただし、仕入れ税額は一〇〇〇円なので、課税事業者Cは同額を仕入れ税額控除として受け取ります。結果、表3の課税事業者Cの納税額は自身の納付税額五〇〇円（＝一〇％＊（一万五〇〇〇円－一万円）＝一五〇〇円－一〇〇〇円）とリバースチャージ五〇〇円（＝一〇％（一万円－みなし仕入れ額五〇〇〇円）＝一〇〇〇円－五〇〇円）の合計一〇〇〇円になります。この場合、個人事業主Bは課税事業者Cに対してインボイスを発行する必要がなく、自身の仕入れ税額控除の手続きをすることもありません。働き方の多様化でフリーランス等の個人事業主が増加する場合には、このような簡素な手法も選択肢となるでしょう。

5　付加価値型取引税

ＩＣＴ技術の進展に伴い、近年、経済の「デジタル化」が目覚ましく進んでいます。フィンテック（ＩＴ技術と金融ファイナンスの融合）やＩｏＴ（インターネットとモノの融合）の分野の発展にとどまらず、オンライン上での契約や決裁の普及により、メルカリのように個人がネット上で商品を売買することも容易になりました。個人間取引は民泊やライドシェア（自動車の相乗り）にも及び、国内外で「シェアリングエコノミー」が新たな経済活動として成長を続けています。こうした経済のデジタル化は、税制にとっても大きな転換点となるでしょう。

そこで以下では、消費税のリバース・チャージと所得税の源泉徴収を統合した新たな徴税制度を提案したいと思います。佐藤（二〇二〇）では「付加価値型取引税」と称されています。ここでは、①個人（自営業）・企業、金融機関等を含む国内外の事業者を「登録事業者」かどうかで区別します。取引対象に応じて課税上の扱い（源泉徴収の有無）が異なる点は、国境を越えた付加価値税の徴税手段としてKeen and Smith（2000）によって提案された、消費者か課税事業者かに応じて消費税率を変えるＶＩＶＡＴに類似しています。登録事業者は原則として、消費税の徴収や給与・報酬等、所得税の源泉徴収の義務を負います。これらの事業者と取引する個人・企業等は、消費税込みの価格を支払い、課税後の給与・報酬を受け取ることになります。②登録事業者については、賃金を含めて損金算入（仕入れ税額控除）を認め、課税ベースを*R*ベース・キャッシュフローに転換します。

システム上は、個人が税務署に直接納税するのではなく、当該個人の口座を管理する金融機関が、例えば税込みの取引額に対する税率を二〇％としたとき一万円の振り込みに対して付加価値型取引税二〇〇〇円を差し引き、売り手（非登録事業者）の口座に八〇〇〇円を払い込み、その納税額＝二〇〇〇円を税務当局の口座に移転させることになります。課税当局には購入した財貨・サービスの詳細ではなく、金額（さらに軽減税率が適用される場合はその適用取引かどうか）だけが通知されるため、個人情報（プライバシー）は保護されます。

個人間取引については、個人（非登録事業者）に代わって、取引を仲介するプラットフォームを課税ポイントとすることも考えられます。プラットフォームが登録事業者であれば、これが一旦、個人から商品やサービスを仕入れる形（C to C取引をC to BおよびB to C取引に転換）にすればよいです（図1）。前者のケースでは、プラットフォームは手数料等と合わせて仕入れに係る取引税を徴収する義務を負い、一方で損金算入ができるようになります。

非登録事業者は（国内で）税込み価格で商品やサービスを仕入れますが、売上からは付加価値型所得税が差し引かれる形になります。非登録事業者が確定申告を行う場合、申告税額から源泉徴収分を控除することができます。一見すると、非登録事業者には不利な仕組みにみえるかもしれませんが、登録は事業者の裁量であり、登録事業者となることで付加価値型取引税の源泉徴収の義務が課される一方で、経費等の控除も認められます。海外ネット企業のように国内に拠点がない場合は、登録事業者として国内納税管理人を置けば対応可能です。

もう一つの柱は、個人や企業の口座（資産）を登録口座と非登録口座（資産）に区分することです（表4）。銀行口座を含む登録口座は、課税当局が捕捉できるもので、上述の取引はすべて登録口座間で行われます。もし登録事業者が登録口座以外を使って取引を行う場合、売上には課税されない一方で、当該取引に係る経費は損金算入されません。個人についても同様です。彼らの取引のなかには、自分名義の銀行口座間での資金移動や家族の口座への振り込みなどもあるでしょう。個人はあらかじめ自身や家族のマイナンバーを付した「登録口座」にしておけば、こうした口座間での取引には課税が発生しません（ここで

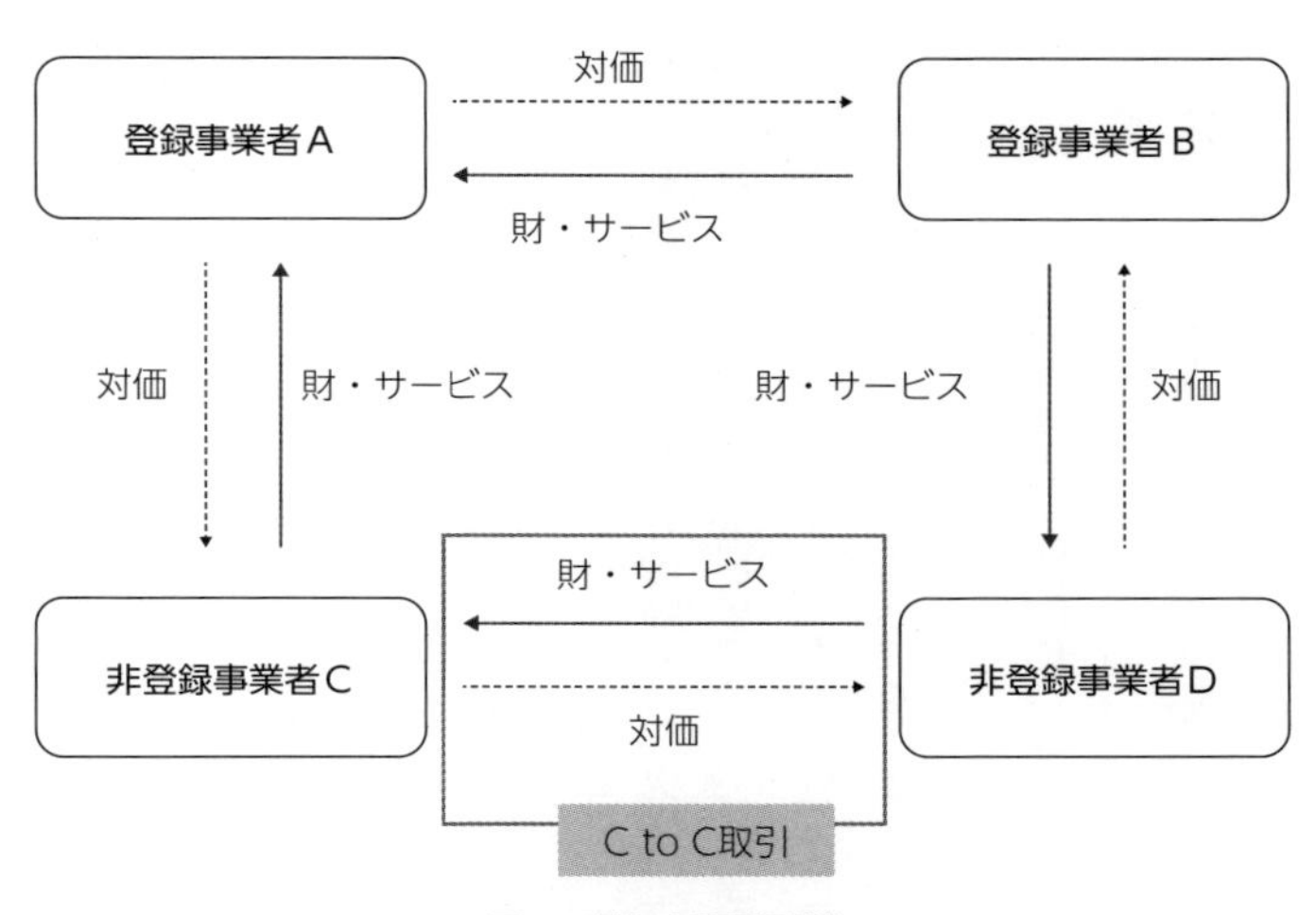

図1　新たな取引形態

表4　登録口座と非登録口座（資産）

支払い	受取	課税関係	例
登録口座（資産）	① 登録口座	課税	非登録事業者への源泉徴収 登録事業者間取引等
		非課税	寄付金、自身の別の登録口座（非課税貯蓄等）への移転、ローン契約など
	② 非登録口座	消費税の前払い	現金・仮想通貨の購入
非登録口座（資産）	③ 登録口座	なし	② の逆
	④ 非登録口座	なし	インフォーマル経済

一個人が複数の登録口座を持つことは排除していません）。一方、現金や暗号資産、登録されない（情報交換されない）海外口座などは非登録資産にあたります。

加えて、現金の引き出しや暗号資産の購入など、登録口座から非登録資産への転換に対して、取引税を「前払い」させます。例えば、登録口座から一万円分、ATMで現金化したとします。税込み取引額への税率を二〇％とすると、この一万円の引き出しには二〇〇〇円（＝二〇％×一万円）の取引税が課されます（暗号資産であっても、登録口座に記載されている限りは課税にあたりません）。これは、当該個人が現金一万円で財貨やサービスを購入する際に免れる取引税にあたります。他方、現金の振込や暗号資産の売却、登録事業者への支払いなど、非登録資産から登録口座への移転については、課税の対象にはしません。これは、登録口座からはいずれ取引税が支払われることを見込んでいるからです。もっとも、現金取引であってもすべての課税を免れているわけではないことに留意してください。なお売上を現金で受け取っていても、原材料や光熱費など、登録事業者からの仕入れには取引税が課せられている（正確には登録事業者が納税している）ことになります。

6　生涯所得税

最後に、新たな所得課税について言及したいと思います。所得税は、所得が上がるごとに税率も上がる累進課税のシステムですが、近年「一億円の壁」と呼ばれる問題が指摘されています。これは、一億円以

図２　１億円の壁

出典：申告所得税標本調査（令和２年）

上の高所得者の負担率が低下していることを指します。本来、累進課税は所得が増えるほど税率が上がるのですが、高所得者層では逆に負担率が逓減し、「逆進的」となる場合があります。この観点からみると、日本の所得税は一億円超から逆進的になるといえるでしょう。その原因は、日本型の二元的所得税制度にあります。具体的には、所得や事業所得などが総合的に累進課税されるのに対し、金融所得は一五％（地方税を合わせて二〇％）で分離課税されています。高所得者ほど株式売却益など金融所得の比率が高くなるため、結果として税の負担率が低くなっています（図２）。このため、課税の公平性に反するとの指摘があり、金融所得課税の強化を求める声が高まってきているのです。

ここで留意すべきなのは、株式などの譲渡益が過去の所得の累積であるという点です。例えば、今年に株式や土地の売却で１億円の譲渡益があったとしても、それ以外の年の収入がゼロだった場合、その人の生涯にわたる担税力が高いとは言い難いです。所得税は年間所得をもとに担税力を評価して累進課税しますが、今年高所得者であっても来年も同じように高所得であるとは限りません。このため、年間所得に代わって生涯所得を担税力の指標とするのも一案でしょう。

法人税においては、企業活動が将来にわたって継続するという前提のもとで、欠損金の繰り越しや繰戻しが認められています。これにより、法人税は「理論的に」企業価値（＝将来にわたる利益の現在価値）への課税となります。これと同様の仕組みを個人所得税にも導入することを提案したいと考えます。具体的には、年間所得への課税から生涯所得に対する課税に転換するということです。従来、所得課税の担税力は年間所得によって測られてきましたが、今年株式の上場やキャピタルゲインの実現などで高所得者となった納税者が将来も同様に高所得であり続けるとは限りません。経済学では個人の担税力を裏付ける厚生水準は生涯所得に基づくとされています。実際、デジタル技術の発展により、簡素性を損なうことなく生涯ベースの所得課税の実効性は高まっています。Jacobs（2017）は、デジタル技術を活用した生涯所得課税の可能性について論じています。

生涯ベースでみると、家計の予算制約式により、生涯消費＋遺産＝生涯所得となります（図3）。したがって、生涯所得課税は消費課税や（遺贈者への課税である）遺産税と「税等価」（経済効果が同じ）になります。消費税を累進化することは難しく、軽減税率を導入しても再分配機能は限定的ですが、生涯所得税のような直接税であれば、累進課税も容易になります。ただし、生涯所得はあらかじめ知られている

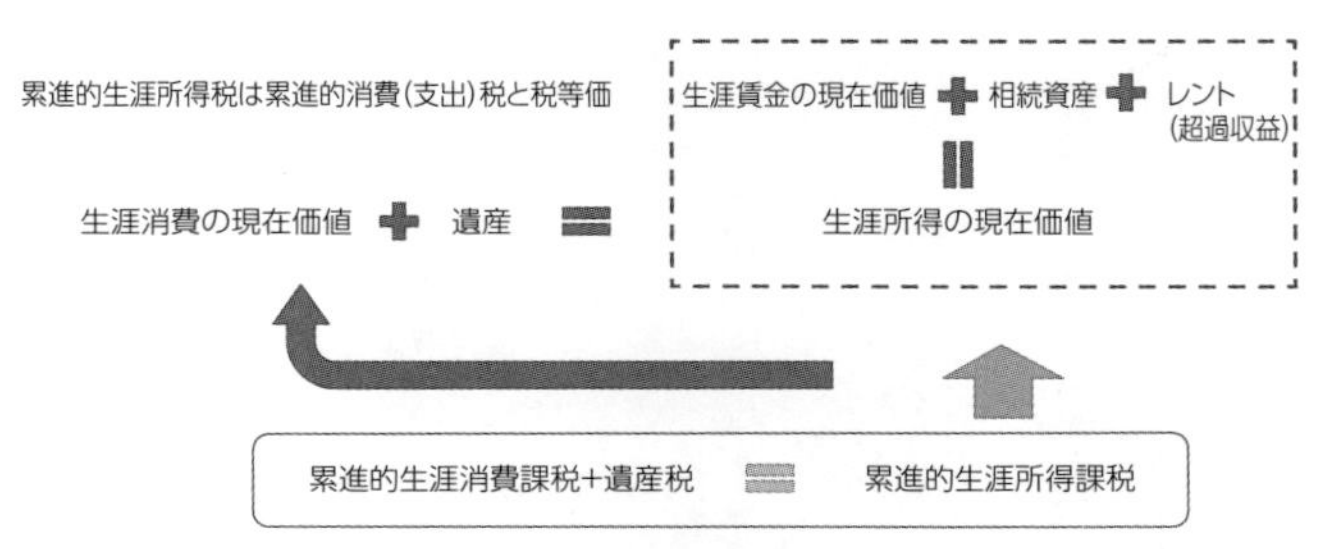

図3　生涯予算制約

わけではありません。そのため、納税者が就労などを始めてから現在までに実現した所得の累積額を用います。生涯所得の「絶対額」を用いると、人生の後年になるほど（所得の累積によって）累進課税が生じやすくなります。これを避けるために、現行の累進課税を適用できるように「平均化」する方法が用いられます。これが生涯ベースの所得平準化課税です。生涯所得税の詳細については、佐藤（二〇二四）を参照してください。以下ではその概要を述べます。家計の生涯所得は「割引現在価値」として表されます。現在の所得一〇〇万円と将来の所得一〇〇万円では価値が異なるため、現在に近い所得ほど大きく割り引かれます。割引率に用いる金利としては、国債金利の平均水準などが考えられます。生涯所得課税では、各期までの課税所得の現在価値を累積平均します。毎期の課税額は次のように算出されます（図4）。

① 所得の累積平均（現在価値）に課税し、現在までの期間を乗じます。

② 課税が累積しないように（同様に計算された）前期分を差し引きます。これは前期に納税された所得税の清算にあたります。

③　清算後の課税額を割引率と同じ金利で割り戻して当該期の価値に置き換えます。

したがって、今期をJ期、Tを租税関数（税率表）とすれば、今期（＝J期）の課税額は左記のように与えられます。

J期の課税額

＝（金利でJ期に割り戻し）×｛J×T（J期までの累積平均の初期からみた現在価値）

－（J－1）×T（J－1期までの累積平均の初期からみた現在価値）｝

これを数式で表現すると

$$\tau_J = (1+r)^{J-1}\left\{J*T\left(\frac{1}{J}\sum_{j=1}^{J}\frac{z_j}{(1+r)^{j-1}}\right) - (J-1)*T\left(\frac{1}{J-1}\sum_{j=1}^{J-1}\frac{z_j}{(1+r)^{j-1}}\right)\right\}$$

ただし、τ_JはJ期の課税額、rは実質金利（表記の簡単化のために一定と仮定）、z_jはj期に実現した所得です。J期までの累積課税の現在価値は

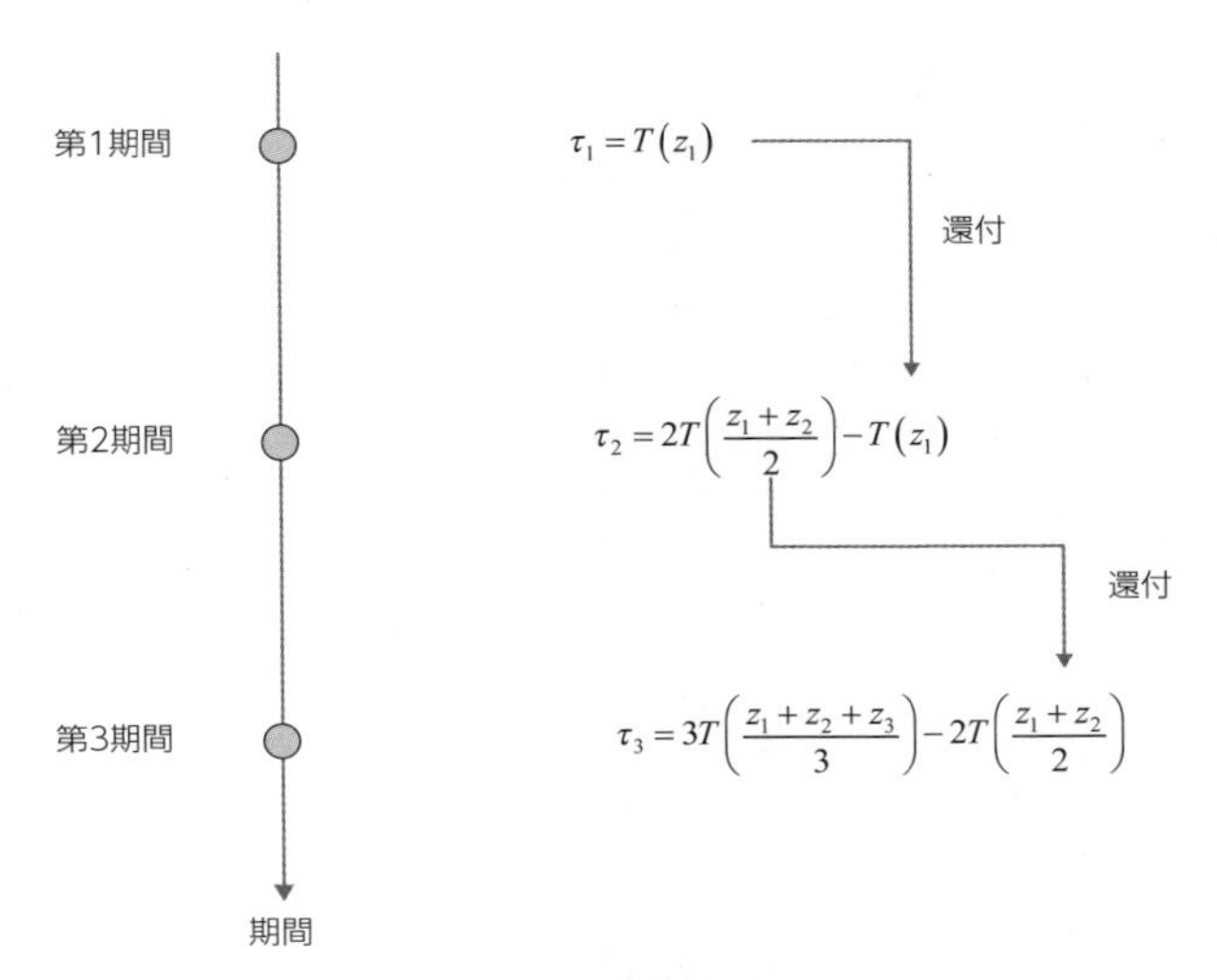

図4　生涯所得税

$$\sum_{j=1}^{J}\frac{\tau_j}{(1+r)^{j-1}} = J*T\left(\frac{1}{J}\sum_{j=1}^{J}\frac{z_j}{(1+r)^{j-1}}\right)$$

に等しくなります。初期から今期までの所得課税の合計を割り引いて現在価値化すれば、その金額は $J \times T$（J 期までの累積平均の現在価値）に一致します。

累積平均の算出にあたっては、現行制度では非課税になっている家計にも申告が求められます。少額な所得の申告は納税者の利便性を損なうとの意見もあるかもしれませんが、負の所得税の実施においても低所得者の正確な所得捕捉が求められます。本章で提案する生涯所得税も、前年から収入が減少した納税者への還付や、低所得層への給付と一体化できる可能性があります。また、累積平均を算出する期間についても議論があるでしょう。年少期（親から扶養されている期間）を含まないのは当然として、大学生やパート主婦など主たる生計維持者の「扶養の範囲」で働く個人についても、生涯所得課税を適用しないのが望ましいでしょう。これらの個人の所得は従前どおり、現年所得課税されます。また、退職後に一定期間の後に復帰した場合には、復職期を初期として改めて累積平均を算出する方法も考えられます。

7　資産課税との統合

遺産・贈与も生涯所得を構成するため、相続税・贈与税との統合も選択肢として考えられます。「高齢世代内における資産蓄積の偏在が、相続を機会に次世代に引き継がれる可能性」が指摘されています。このため、「資産課税の再分配機能は引き続き重要」とされています（政府税制調査会、二〇一九年九月）。一方で、「資産移転の時期の選択に中立的な税制を構築する」要請もあります。フランスやドイツでは贈与税と相続税を統合し、生涯ベースに類似した累積課税を実施しています。ドイツでは相続時から過去一〇年間の財産の譲渡額を累計して課税しています。

ただし、非上場株式や土地など、評価が難しい相続資産も少なくありません。この場合、課税所得には一旦取得時の価格で計上し、後年に利益が実現したときの法人税改革でも言及した超過利益に対して改めて課税します。当初の価値が低ければ、（この価格に市場金利を乗じて算出される）正常利益は低く、その分超過利益は高く評価されます。実物資産など現金以外の収入が多くて今期の納税が難しいケースもあります。その場合、一部納税を繰り延べし、応じて次期の清算額を減額する対応も考えられます。納税額の現在価値には変化がありません。

最後に、生涯所得課税の利点を以下のようにまとめます。

① 生涯ベースの担税力に応じた再分配に資するだけでなく、所得の発生パターンが異なっていても生涯所得が等しい納税者の間で「水平的公平」が確保されます。

② 年間所得課税とは異なり、キャピタルゲインなど今期発生した所得の実現を先送りして課税を軽減させる誘因も生じません。キャピタルゲインやストックオプション、退職金など、実現のタイミングが選択可能な所得が増える中で、生涯所得課税はその選択に中立的となります。

③ 非正規雇用や雇用的自営（フリーランス）、ギグワーカーなど収入が不安定な労働者が増加傾向にある中で、再分配（格差是正）と合わせて保険としての所得税の役割が増しています。納税者にとっては、今期の高収入を災害時などの収入減（または赤字）と平準化され、過去に払った所得税の一部が「還付」されるという意味で保険の役割を果たします。

8　おわりに

「理論と現実は違う」とされることがありますが、時代の変化とともに現実も変わっていくことがあります。例えば、付加価値税（消費税）は二〇世紀半ばまで存在していませんでしたが、現実が理論に追いつくこともあるのです。本章で提言した法人税のキャッシュフロー税化や市場国（仕向地主義課税）課税、消費税へのリバース・チャージの導入、所得税の源泉徴収との統合、生涯所得税の導入と資産課税との統合も、経済のグローバル化やデジタル化といった新たな経済・社会環境の中で求められているものであり、かつ実効可能になりつつあると考えられます。

参考文献

佐藤主光（二〇二〇）「付加価値型取引税の提案」『フィナンシャル・レビュー』一四三、三〇―四四。

佐藤主光（二〇二四）「生涯所得課税の提言」『フィナンシャル・レビュー』一五七、四九―六九。

Jacobs, B. (2017), "Digitalization and Taxation," in: Gupta, S., Keen, M., Shah, A., and Verdier, G. (eds)," *Digital Revolutions in Public Finance*, Washington-DC: International Monetary Fund, Ch. 2.

Keen, M. and Smith, S. (2000), "Viva VIVAT!" *International Tax and Public Finance*, 6 (2), 741-751.

あとがき

産研レクチャー・シリーズは関西学院大学産業研究所が主催するシンポジウムや講演の記録をもとに編集・刊行したものである。これまで左記が発行されており、本書が第六弾となる。

①二〇一二年三月発行『新しい空港経営の可能性――LCCの求める空港とは』
②二〇一二年九月発行『アジアとつながる関西経済――〝大粒〟の感動を世界に発信』
③二〇一四年三月発行『航空競争と空港民営化――アビエーション・ビジネスの最前線』
④二〇一五年三月発行『EUの社会経済と産業』
⑤二〇一八年九月発行『関西の地域振興と国際化――大学と新聞社の役割』

本書は二〇二三年一二月九日に開催された「関西公共経済学研究会20周年記念講演会」（於：大阪大学中ノ島センター）に登壇した六名の研究者の報告内容をまとめたものである。「関西公共経済学研究会」は財政学・公共経済学領域における関西在勤・在住の研究者が参加する研究会であり、今回寄稿いただいた方々はいずれも我が国の財政学・公共経済学研究をリードしてきた著名な研究者である。何より当該研究会が二〇年という大きな節目を迎えられたことに敬意を表したい。また、こうした大事な節目に開催された講演会の記録において、関西学院大学産業研究所が何らかのお役に立てたのならば幸甚の至りである。

今回の内容は過去の財政学・公共経済学分野における研究動向を辿りながら、今後の研究の方向性について、そして財政政策や税制といった実務面での方向性等について示唆に富んだ内容となっている。こうして講演内容を出版物として広く公表することが、当該研究領域のさらなる発展につながることを願うばかりである。

編集においては講師の皆様がお忙しい時間を割いて細部にわたり何度も原稿に目を通してくださった。編集をご担当いただいた赤井伸郎教授をはじめとする関西公共経済学研究会の皆様の産業研究所事業へのご尽力に心より感謝申し上げたい。

末筆ながら、本書の刊行は関西学院大学出版会にお引き受けいただいた。特に編集の労をお取りいただいた浅香雅代氏に厚くお礼を申し上げる次第である。

二〇二四年一一月一日

関西学院大学産業研究所　所長　山口　隆之

【執筆者紹介】（執筆順）

赤井　伸郎（あかい・のぶお）――――――はじめに
大阪大学大学院国際公共政策研究科教授

上村　敏之（うえむら・としゆき）――――はじめに
関西学院大学経済学部教授

亀田　啓悟（かめだ・けいご）――――――はじめに
関西学院大学総合政策学部教授

井堀　利宏（いほり・としひろ）―――第1部第1章
政策研究大学院大学名誉教授

岩本　康志（いわもと・やすし）――――――第2章
東京大学大学院経済学研究科教授

林　　正義（はやし・まさよし）―――第2部第3章
東京大学大学院経済学研究科教授

小川　　光（おがわ・ひかる）――――――第4章
東京大学大学院経済学研究科教授

土居　丈朗（どい・たけろう）―――第3部第5章
慶應義塾大学経済学部教授

佐藤　主光（さとう・もとひろ）――――――第6章
一橋大学大学院経済学研究科教授

山口　隆之（やまぐち・たかゆき）―――あとがき
関西学院大学産業研究所所長

【編著者略歴】

赤井　伸郎（あかい・のぶお）

大阪大学大学院国際公共政策研究科教授

1994年　大阪大学大学院経済学研究科博士課程後期課程単位取得退学。博士（経済学）。
日本財政学会常任代表理事。関西公共経済学研究会世話人。税制調査会委員。

主要業績：赤井伸郎（2006）『行政組織とガバナンスの経済学』有斐閣（単著）
第48回（2007年度）エコノミスト賞受賞（毎日新聞社）
赤井伸郎・石川達哉（2019）『地方財政健全化法とガバナンスの経済学――制度本格施行後10年での実証的評価』有斐閣（共著）

上村　敏之（うえむら・としゆき）

関西学院大学経済学部教授

1999年　関西学院大学大学院経済学研究科博士課程後期課程単位取得退学。博士（経済学）。
日本財政学会理事、現常任理事。関西公共経済学研究会世話人。財政制度等審議会 財政制度分科会 臨時委員。

主要業績：上村敏之（2023）「法人税の抜本的改革による実効税率の変化――Forward-looking型モデルによる資金調達の中立性の分析」『フィナンシャル・レビュー』財務省財務総合政策研究所、第151号、107–131。
Uemura,T. (2022) "Evaluating Japan's corporate income tax reform using firm-specific effective tax rates," *Japan and the World Economy*, vol. 61, 101115.

亀田　啓悟（かめだ・けいご）

関西学院大学総合政策学部教授

1998年　慶應義塾大学大学院経済学研究科後期博士課程中途退学。博士（経済学）。
日本財政学会理事、前常任理事。関西公共経済学研究会世話人。
財務省：国の債務管理に関する研究会メンバー。

主要業績：Kameda, K., Lu, Z., Fukui, M. (2022) "Comparison of the productivity of public capital by project type: Central-government, subsidized-local, and unsubsidized-local projects in Japan," *Japan and the World Economy*, vol. 61, 101119.
Kameda, K. (2014) "Budget deficits, government debt, and long-term interest rates in Japan." *Journal of the Japanese and International Economies*, 32, 105–124.

産研レクチャー・シリーズ

財政学・公共経済学の発展と展望

2025年2月28日初版第一刷発行

編著者　赤井伸郎・上村敏之・亀田啓悟
編　者　関西公共経済学研究会・関西学院大学産業研究所

発行者　田村和彦
発行所　関西学院大学出版会
〒662-0891
兵庫県西宮市上ケ原一番町1-155
電　話　0798-53-7002

印　刷　協和印刷株式会社

Printed in Japan by Kwansei Gakuin University Press
ISBN 978-4-86283-390-7